北京師範大學歷史學院雙一流學科建設經費資助出版

中國史學名著評論

陳垣 著
余遜 柴德賡 批注
柴念東 編
邱居里 點校

上海人民出版社

目録

〔一〕按：鈔本原有目録，因闕略不全且有訛誤，整理本據鈔本實際講述内容重新編制目録。

中國史學名著評論（釋文）第二學期

傳記類

柴青峰藏陳援庵《中國史學名著評論》跋（代前言）〔一〕

曹永年　柴念東

柴德賡（青峰）先生珍藏的圖書中，有陳垣（援庵）先生授課記録稿一册。封面題「中國史學名著評論——陳援庵先生講述」。

第五葉正文開篇，右下鈐篆書朱印「青峰藏書」。

全書正文一〇三葉，一葉兩面，共二〇六面。藍色邊框、行線，每面十行。左邊框左下，印藍色隸書「武陵余氏讀已見書齋鈔本」。

内容正楷鈔録，每行大致二五字，全書五萬四千字，據余遜（讓之）重排目録，全書評論史學名著十三類，約一一四部。

一

柴德賡所藏陳垣《中國史學名著評論》，〔二〕（以下稱《余鈔評論》、或稱本書。）没有標示該書是援庵先生何年在何校授課的記録，記録者、鈔録者都没有留下姓名。但有若幹線索供我們作推測。

關於授課時間，本書講《宋會要》時説：

《宋會要》現有印出之希望。現存北平圖書館。〔三〕

〔一〕本文發表於柴念東編：《青峰學誌——柴德賡先生一百二十週年誕辰紀念文集》，商務印書館二〇一九年版，第三一—四七頁。文字略有增補和調整。

〔二〕《中國史學名著評論——陳援庵先生講述》一册，二〇一五年在南京大學周國偉先生親屬劉秀玲、周勳宜捐贈蘇州大學博物館的一批柴德賡舊藏線裝古籍中發現。

〔三〕《中國史學名著評論——陳援庵先生講述》，第三一葉A。柴青峰先生批注爲「民國廿一年印書」，有誤。

按《宋會要》徐松輯本及劉承幹清本於民國二十年（一九三一）由北平圖書館購得，民國二十二年（一九三三）成立編印《宋會要》委員會，援庵先生任委員長，由大東書局印刷廠代印，至民國二十五年（一九三六）用徐氏原本印成二百册。以援庵先生所云「現有印出之希望」推測，此次講授當在民國二十二年編印《宋會要》委員會成立，至二十五年《宋會要》印成，即一九三三年至一九三六年之間。又本書講顧祖禹《讀史方輿紀要》，談及道光間濟寧人許盤鴻《方輿考證》百卷，「直至民國二十二年山東人始代刻出」，〔一〕亦可作旁證。

本聽課筆記出於何人之手，亦無記載。

「讀已見書齋」是武陵余氏余嘉錫（季豫）先生的齋名。余季豫先生的公子余讓之先生是「陳門四翰林」之一，柴青峰先生的好友。余讓之先生用他父親的稿紙鈔録了此《中國史學名著評論》。書成後發現原目録不全，且甚錯謬，余讓之先生重新編制；書中又有錯簡，余先生亦作調整〔二〕；書眉又有若干余先生的批注。但是余先生應該不是這本書的鈔録者。第一，倘若此書稿是余先生手記，就不會在成册後再調整錯簡，也不會重新編目。第二，稿紙「讀已見書齋鈔本」明示，此書與余氏相關。

事實似乎應該是，余讓之先生從某位聽課者借來筆記，請人用他父親的稿紙，鈔録成册，認真學習揣摩，重編目録，糾正錯簡，並在天頭記下自己的若干心得和參考文獻。後贈柴青峰先生，成爲柴先生珍藏並反復研讀的要籍。

二

「中國史學名著評論」（或稱「史學要籍解題」「歷史要籍介紹」等）自二十世紀二十年代末由援庵先生開創此課程以來，陳先生爲燕京大學、北平師範大學、輔仁大學、北京大學等校歷史系講授多年，廣受學生歡迎。但是很可惜，相關文字材料留下極少。

二〇一四年陳智超先生披露了當時發現的唯一一份援庵先生講授《中國史學名著評論》的手稿。此手稿寫在燕京大學「點名

〔一〕《中國史學名著評論——陳援庵先生講述》，第八六葉A。
〔二〕同上書，第七葉B—八葉。

成績録簿」上。經初步整理，以陳垣著《中國史學名著評論》爲名，由商務印書館出版。這是援庵先生的一份講課提綱，記載了十七類二〇八部史學著作，共三萬餘字。内容極爲簡略，且主要是一些備忘的書名、作者、卷數、篇目等。陳智超説：

> 因爲陳垣先生對於講課内容已有長期深入的研究，爛熟於胸。所以講課時根據這份提綱，揮灑自如，許多即興發揮也十分精彩。〔一〕

所言甚是。就這份講課提綱而言，其寫作主要是備忘，精粹之處基本上没有反映出來。

學生聽課的記録稿，就我們所知，目前已經發現並公開發表的是三份。

第一份是來新夏先生的聽課筆記。收録在上述陳智超所編《中國史學名著評論》一書之中。爲援庵先生一九四三年九月至一九四四年六月在輔仁大學所講。講授内容是正史廿四部，編年六部（《漢紀》《後漢紀》《西漢年紀》《資治通鑑》《續資治通鑑長編》《建炎以來系年要録》），紀事本末一部（《續資治通鑑長編紀事本末》），會要一部（《建炎以來朝野雜記》）計三十二部書。來先生記録相當詳細，陳援庵先生講授精彩之處多有體現。

第二份是劉迺龢先生所藏《中國史學名著評論》。封面題「一九三五年度在師範大學歷史系講，某同學紀録筆記」。經過整理謄清，據目録，所講從《史記》至《元史》，計正史廿三部。

第三份是劉迺龢先生本人的《中國史學名著評論》聽課筆記。未經整理。

邱瑞中編《劉迺龢百年誕辰紀念專輯》上册，〔二〕分别影印了師大學生筆記和劉先生筆記的前四史部分。

柴青峰先生所藏余氏鈔本《中國史學名著評論》，是已知的第四份聽課筆記。這份記録稿與援庵先生手書講授提綱、前三份聽

〔一〕陳垣著，陳智超編：《中國史學名著評論·前言》，商務印書館二〇一四年版，第三頁。

〔二〕邱瑞中編：《劉迺龢百年誕辰紀念專輯》上册，廣西師範大學出版社二〇一八年版。

課筆記相比較不僅字數最多，所記最詳盡，且具有明顯的特點。

第一，所講書目有講究。

援庵先生的受業弟子都説，援庵先生所講書目經常根據情況有所變動。陳智超刊布的援庵先生手書大綱，達二百餘種，最全面。已出三份記録，來先生所記僅三二部，其他記録更少。而《余鈔評論》所記是一二四部名著。雖大部分在援庵先生手書大綱之中，但本書目中「年譜」一類《杜工部年譜》等十餘部書，則溢出大綱之外。來先生等記録稿，皆以正史爲主，而本書正史僅有《史記》；編年類《通鑑》也只講與《通鑑》相關的《考異》等。本書於廿四史、通鑑等人們最熟悉、最主要的史部名著略而不講，集中精力於百餘部次一等的史部名著，顯然是因爲聽課者已有相當基礎，據此推測，該課程或爲某大學高年級學生或研究生開講。

第二，以史料價值衡量名著之優劣。

柴青峰先生講：

目録學是搞學問的門徑，是掌握書目、書的内容、版本以及相關書目的一門學問。一個人要搞學問，必須掌握目録學。清代學者已經認識到這點，……但當時搞目録學，講書的源流和版本多，對書的内容和如何利用這部書就講得很少，而且他們是專講目録之學，並非把它作爲基礎來搞學問。陳先生搞目録學，是把它作爲工具、作爲手段，通過它掌握材料、做科學研究。〔一〕

作爲得援庵先生真傳的入室弟子，柴青峰先生的評價精准地把握了援庵先生目録學思想的核心。本書圍繞名著的史料價值展開講授，所講内容充分顯示了作爲史學大師的獨到、精粹和淵博的學識，美不勝收。

〔一〕柴德賡：《陳垣先生的學識》，載陳智超編：《勵耘書屋問學記》（增訂本），生活·讀書·新知三聯書店二〇〇六年版，第八〇頁。

援庵先生講名著，常以三言兩語便將其史料價值揭示出來。有的書陳先生認爲是材料書，如《續資治通鑑長編》：

其材料爲以政府之檔案及宋各朝之實録爲基礎，參以宋人各家之書，……此書其材料因在《宋史》之外，故吾人用宋史之材料時，當以《續資治通鑑長編》爲佳。〔一〕

《建炎以來朝野雜記》：

此書偏於典章制度……治南宋制度，非取材料於此不可。〔二〕

《通典》：

此書爲材料書，爲唐史書最佳者。蓋新舊《唐書》成於後者也。〔三〕

此外，本書於《建炎以來朝野雜記》《三朝北盟會編》《文獻通考》《五代會要》《宋會要》《名臣言行録》《名臣碑傳琬琰集》《碑傳集》《續補》《元和郡縣圖志》《太平寰宇記》《水經注》等，無不充分肯定它們的史料價值，並簡要説明其理由。

有的議論極爲精彩，足以窺見援庵先生學識之淵博，如評論《唐會要》：

此爲極重要之材料書。作法同百科辭典，立門目後尋材料，如類書。《崇文總目》《郡齋讀書志》將《唐會要》入類書類，

〔一〕《中國史學名著評論——陳援庵先生講述》，第十四葉。
〔二〕同上書，第十六葉B。
〔三〕同上書，第二四葉A。

《（直齋）書録解題》入類書之典故門，《通考》之《經籍考》入故事類，《宋史·藝文志》入類事類，《四庫》入政書類。（……《唐會要》雖爲類書，但全爲記載典章制度者，故逐漸高之，由類書而典故、故事、類事至政書類矣。）

《唐會要》之價值何以甚大？蓋現所見之《唐會要》，即宋王溥據自唐時之二《會要》增加而成。《新唐書·藝文志》有《會要》四十卷，現亡。而現《唐會要》之自唐高宗至德宗者，即其本。崔鉉亦有《續會要》四十卷，爲自肅宗至宣宗。此爲無上之材料，因唐人所作唐時之史料也。而王溥即以此二書之八十卷，續自宣宗後，至唐末，共爲一百卷。此書雖成於宋人王君之手，但彼皆據之當時人之史料。況《唐書》復成於後者哉！是故唐天寶以前，《通典》可據，《通典》以後，則以《唐會要》爲最佳之材料中工具書。《唐會要》當時固僅備檢查，目録即有五百一十四條之多，用之甚便，唯因其所引書亡，故此乃變而爲材料書，大有取《唐實録》之地位而代之之勢。〔一〕

不僅指出《唐會要》最初爲材料工具書，且將其由材料工具書，如何演變而爲極重要之材料書的過程，引經據典，娓娓道來，令人大開眼界。

也有一些名著並無史料價值，僅可作工具書，如《通鑑紀事本末》：

此書因據《通鑑》，故爲二等材料，然檢每事之始末則甚便……吾人治史者不可引用此書。〔二〕

《西漢會要》：

檢查研究《漢書》，觀之甚便，但並非材料書。〔三〕

〔一〕《中國史學名著評論——陳援庵先生講述》，第二九—三十葉。
〔二〕同上書，第十九—二十葉A。
〔三〕同上書，第二三葉A。

《東漢會要》：

非材料書，但觀之甚便也。〔一〕

有的書被認爲毫無價值，如「九通」中的《通志》：

此書秏［毫］無價值。材料固全鈔自正史，則較原書則串通而略之，故此材料不可用。〔二〕

援庵先生還批評乾隆四十七年官編《明臣奏議》：

此書材料不可靠。《四庫》著録，有聚珍本。此乃欲暴露明之暴政，搜集明末諸臣互相攻擊、暴露弊政之奏議編成，使人讀之，不復有思明反清之思想，此法最爲毒辣。此書乃皇子選材，又注此書不得不删改者，則又露此爲僞作，而非書録奏議之真目。〔三〕

在援庵先生看來，有些書，即使是廢物，還有利用價值。如云：

《雪樓集》（程文海）誥封三代文套甚佳，《元史·氏族表》即利用之而成，亦廢物利用也。〔四〕

〔一〕《中國史學名著評論——陳援庵先生講述》，第二三葉B。
〔二〕同上書，第二五葉B。
〔三〕同上書，第八十葉A。
〔四〕同上書，第七五葉B。

援庵先生明確地將史學名著按其史料價值分類，以指導學生掌握第一手歷史資料，做好科學研究，以往歷史上的學者包括清乾嘉時期的目録學家皆似未曾言及，屬開創性的工作。援庵先生的這種分類，八十年來史學研究的進展，包括他的學生們的傳承發揚，特别是柴青峰先生《史籍舉要》的出版，在史學界已成爲常識，但在當時，卻是了不起的新見。

第三，講文章和著作的作法。

援庵先生特别强調，史學研究無論是作文、著書，首要的是態度嚴謹。吴任臣《十國春秋》，援庵先生講：

康熙初年，此書爲四大奇書之一。……其材料可謂善，文亦佳美。此書亦有英雄欺人之事，是其病焉。如其所引書，有當時確亡者，而引用書目列之，似大言欺人也。如《徐騎省（鉉）集》爲當時決無者，而吴氏列之引之，而於徐鉉之事跡又甚忽略，故彼或未之見也。又引《舊五代史》，名列薛居正《舊五代史》。而現今之《舊五代史》，爲清邵晉涵先生自《永樂大典》内輯出，而薛氏原本至今未見，故其所云，亦欺人之談也。此書雖自云句句皆有所據，但彼俱未注出處，僅於書首列引用書目，此大病也。既未逐條注明，而每卷之後亦無引用書名，故雖云引數百種，究未可靠也。〔一〕

援庵先生對於這部「四大奇書」之一的《十國春秋》，既肯定其成就，同時也嚴肅批評了「英雄欺人」之「病」。他還説：

乾隆甲戌，王鳴盛西莊先生之《十七史商榷》内有批評《十國春秋》一段，惠棟（字定宇）、戴震（字東原）告余曰：學不在博，而在精。今吴氏以博學名時而不精。陳垣氏評此書博專而不精。〔二〕

〔一〕《中國史學名著評論——陳援庵先生講述》，第五五葉B—五六葉。
〔二〕同上書，第五七葉A。

援庵先生講文章作法，强調基本規範。引書必須注明出處。他認爲顧炎武之《天下郡國利病書》：

> 此書之材料多取自各府州縣地方志及奏議、文集、《明實録》等，原文鈔出，而顧氏無一句考證，且不注出處，亦無卷目，不能引用。〔一〕

但情況也有例外。如杜佑《通典》：

> 此書爲材料書，爲唐史書最佳者……《通典》引書不注出處，爲其病焉（如某人謂……等語），但因其本書資格已足，亦可作爲根據。〔二〕

至於出注的方法，他在批判吴任臣時，總結以往學者有四法，指出《繹史》派「凡引用之材料，逐條列下，如物理作用」；《疇人傳》派「引用材料，未逐句注明，而每傳末注明其引用之書目」〔三〕；此兩派爲佳。

在評述名著的過程中，援庵先生常常會深入討論文章的做法。關於作考證文字，陳援庵先生認爲，李心傳之《舊聞證誤》：

> 作法最科學。所謂舊聞者，專述北宋事而言也。將北宋史事之各家多矛盾者，及李燾未收入者，首將各説書之前列，而以自己之考證加以論斷。此書文章佳辨，證法精當，宜精讀之。〔四〕

〔一〕《中國史學名著評論——陳援庵先生講述》，第八六葉B。

〔二〕同上書，第二四葉。

〔三〕同上書，第五六葉B—五七葉A。

〔四〕同上書，第十七葉A。

又，李心傳之《道命録》，援庵先生説：

比較《舊聞證誤》尤佳。……此書專載贊成程朱及反對程朱兩派之意見加以考證，末以論斷。其材料全據政府之檔案，如詔書奏議。載元祐黨籍碑及僞學黨籍，爲關於歷代學術事論之最佳書，當精讀之。〔一〕

關於爲古籍作注，援庵先生在評述吴士鑒《晉書斠注》時説：

作書（指注書）有三〔二〕法，即歸納法與演繹法是也。例之如下：

一、演繹法——從《晉書》第一卷讀起，遇疑問時則自己去考證而探求之，或再尋他人對此問題研究之成績，故成書時必久，而工作甚累，笨法也。

二、歸納法——可以不看《晉書》，先找前人關於《晉書》之材料而逐條記於《晉書》原處。此法易，收效大，然他人知者則我知，他人不知者我亦未可作對也。〔二〕

關於作傳記，援庵先生就《名臣言行録》發表議論：

此書可視作模範傳記作品。其取材於當時之記傳、各家文集、行狀、墓志等，分類而録之，並注其出處。讀此書可得見

〔一〕《中國史學名著評論——陳援庵先生講述》，第十七葉 A—十九葉 A。
〔二〕同上書，第三八葉。

其作法。〔一〕

此外，還有關於學案的作法、年譜的作法等，以及因《清史稿》的遺漏，提出「此種大著作應首作一姓名通檢，以備檢查，不致遺漏」等，不勝枚舉。

令人頗感興趣的還有，援庵先生評論《朝鮮實録》時提到：

> 將此書關於中國之材料俱鈔之，亦甚善。〔二〕

此時吴晗先生的確在從事此項研究工作，後成《朝鮮李朝實録中的中國史料》十二巨册，中華人民共和國成立後，由中華書局出版。援庵先生所言，與吴晗先生的工作是否有某種聯系，待考。

第四，援庵先生在評論史學名著的過程中，還就歷史時代、學術派別、學風演變等，發表了大量真知灼見，以開拓學生的眼界，培養學生學術志趣、思維能力和研究能力。

評論《五代會要》時，援庵先生說：

> 五代雖亂，然對學術之利甚大。因古之所謂統一，乃由極大之壓力而成，學術思想自受其莫大之影響，致未發達。反睹五代，因政治之亂，故當時人民得到思想之自由，對學術自有莫大之功利焉！〔三〕

〔一〕《中國史學名著評論——陳援庵先生講述》，第六二葉B。
〔二〕同上書，第六十葉A。
〔三〕同上書，第三一葉A。

以五代爲例，提出封建社會治、亂與學術發展之關係，命題深刻，值得深思。

關於史學界的兩個學派，陳援庵先生在評論《通志》時説：

史學界分爲二派，即事實派與理論派是也。事實派實事求是，注重考證，如宋之史家、清之考證家。理論派善發議論，此易得名，亦易失敗，如清之章實齋，以其新奇之意見，書之成書，自受歡迎，初學尤好讀之。但此派之作品，倘他人發現與其言論矛盾時，則非之亦當。且《通志》爲理論派，因以理論而得名也。……材料固全鈔自正史，則較原書則串通而略之，故此材料不可用。……鄭氏對理論最得意，故此書之精論即在其《二十略》中。……今人並《二十略》而不看，而閲其《二十略序》，因中多他人想言而未言之議論也。……校讎多發議論，甚可讀。〔一〕

援庵先生並不認同所謂「理論派」，但對於《通志·二十略》並没有否定。

援庵先生結合評論史學名著，還對一些具體歷史問題追本溯源，展示了淵博的學識。如在評論《陸宣公奏議》時説：

中國古文古籍皆不點句，故散文之不點句者，頗艱閲讀，而詔令奏議等爲便於閲讀，乃用駢體文。〔二〕

揭示了唐代詔令奏議等公文流行駢體文的原因。

關於《永樂大典》，他説：

《永樂大典》六年成功（由永樂元年起至六年止），初其項目極細，後帝促之太急，因即以全書裝入，遂失類書之本性，

〔一〕《中國史學名著評論——陳援庵先生講述》，第二五—二六葉。
〔二〕同上書，第七七葉B。

故爲《永樂大典》之病焉。然正因其裝整部書入《永樂大典》，故因之明初之書籍今不可見者，我儕又可於《永樂大典》中得見之。故其由類書而變爲叢書，正其佳點也。〔一〕

將《永樂大典》由類書變叢書的過程，原原本本交代清楚。

關於類書與清代學風，陳援庵先生結合評論《唐會要》説：

前於帝政時代，類書甚要，且於科舉時代作詞賦，所謂文章華麗者，即因用典故多也。然人力有限，未能讀盡全書，故類書乃應時而生，且多述風花雪月者。清時類書之對象爲原本書，如有人者不出於類書，而由於原書，則名高矣。因甚倡讀原本書，則類書之格低矣。〔二〕

關於清代研究《晉書》風氣甚盛的原因，援庵先生説：

一、清代經學甚佳。

二、凡研究經學者，莫不讀前四史，以其文章甚佳也。

三、讀四史首重文章，次重史事。

四、以其四史之範圍太窄，故擴充而至《晉書》與《五代史》《明史》，至光緒時重《魏書》，而《唐書》《五代史》歐派不甚見重，故除四史之外，學者咸趨《晉書》，以《晉書》文章體裁之佳麗耳。〔三〕

〔一〕《中國史學名著評論——陳援庵先生講述》，第三三葉。

〔二〕同上書，第二九葉B—三葉A。

〔三〕同上書，第三七葉。

此確非諳熟清代學風者所能言。

關於《尚史》，援庵先生説：

此書無甚佳點，以其材料無可取，作工具書亦不足用也。《四庫》著録。《四庫》之所以著録者，蓋《四庫》中有所謂銷毁（爲反對清朝者）、抽毁（即内中有一二篇不利於清者）、扣除（即乾隆五十年時，將已載入《四庫》而查得仍有反對者扣除之）。《簡明目録》無《尚史》，四十七年之目録載之，《四庫書目略》即將《簡明目録》與《提要》之不同處説明。扣除之後，書箱内之所空處，小者用紙，大者用書填好。當時曾將李清之《南北史合注》扣除，而適逢《尚史》卷數大致相同，故將《尚史》取而補《南北史合注》之空箱。〔一〕

這樣生動的細節，只有對《四庫》做過徹底研究，才能道來。

三

柴青峰先生得余讓之先生所贈余氏鈔本《中國史學名著評論》，如獲至寶，奉爲治學之圭臬。至於本書鈔本成書於何時？柴青峰先生何時擁有此本？現在已經没有材料可以佐證，只好做一些推測。

首先，本書的底本應是余讓之借他人的聽課筆記整理。這一點的依據是所用箋紙，余季豫老先生的稿紙其他人不會使用。另外，本書有很多批注，有朱筆亦有墨筆，是余讓之、柴青峰二先生手澤，修改了謄録的一些錯誤，並糾正筆記本身的問題。

其次，筆記底本謄寫應該是一九三〇年代中後期的事情，一九四〇年代初柴青峰先生在輔仁大學史學系開設要籍介紹課，余

〔一〕《中國史學名著評論——陳援庵先生講述》，第四八葉。

讓之將鈔本交給柴青峰先生。一九四四年柴先生到四川白沙國立女子師範學院任教，授課史部目録學，隨身攜帶的大概是本書（因爲長途跋涉，便於攜帶），作爲寶典。

第三，一九五一年柴青峰先生在輔仁大學重開史部目録學課，因此有四葉目録學提綱及學生選課單夾在本書之中。一九五四年柴青峰先生在北京師範大學開設「中國歷史要籍介紹」課，以《評論》爲綱要，撰寫了《中國歷史要籍介紹及選讀》講稿（現由國家圖書館收藏）。

第四，一九五六年教育部將《中國歷史要籍介紹》列入高等師範學校正式課程，並責成柴青峰先生撰寫《中國歷史要籍介紹》講義，此時本書仍在發揮作用。所以本書一直在柴先生身邊作爲案頭卷，從鈔本的書口部分可以看出，顏色已深，一半已斷開，可知爲翻看之勤所致。

本書有柴青峰先生的批注不下一百餘處，從批注的墨跡看，有墨色、朱色和橙色三種，而墨、朱兩色，又往往濃、淡不同。不同顏色的筆記全書皆有分布。由此推測，柴青峰先生通讀此書不下四五遍，用功很勤。

所作删、改、增、補，一般都是由於記録者或傳鈔者的水平有限，人名、書名有誤。人名如《佛國記》的作者「德顯」改正爲「法顯」。〔一〕「邵晉涵二靈先生」，「靈」改正爲「雲」。〔二〕「陳東舒」，「舒」改正爲「塾」。〔三〕書名如蘇天爵《滋漢文集》，「漢」改正爲「溪」。還有的文句不順，漏字、錯字等。

但有許多添改很重要，並且頗能説明問題。

本書第三葉B至第四葉，援庵先生有《文津閣本二十四史頁數年數表》，横排上列爲書名，柴先生於第二列添加「大小次序」，第三列添加書「頁數」，最下列添加「年數」等字樣，以明各列的内容。對於援庵先生的統計數字，柴青峰先生進行了復核，發現了數處錯誤，並以墨筆作了修改，如《後漢書》「三二一三」頁，柴先生改正爲「三一一三」頁；《陳書》「五六六」頁，柴先生改

〔一〕《中國史學名著評論——陳援庵先生講述》，第八五葉B。
〔二〕同上書，第四一葉B。
〔三〕同上書，第六六葉B。

正爲「五六八」頁；《南史》「一三五四」頁，柴先生改正爲「一二五四」頁；《宋史》「九二〇」年，顯然是鈔寫者的筆誤，柴先生改爲「三二〇」年。柴先生並在援庵先生的基礎上又增添了六部典籍的統計數字：包括「《通鑑》一〇八九〇」頁，「《長編》一四四九九」頁，「《要録》五一三八」頁「二〇〇」年，「《御批輯覽》七四一三」頁「一一二〇」年，「《紀事本末》五四〇七」頁，「《會編》三六八九」頁「二五〇」年。

劉迺龢先生在爲《史學叢考》所撰序中説：

> 他在大學學習時，埋頭苦讀，除不斷向陳老請教外，并經常到北平圖書館中文部看書，幾年從未間斷。〔一〕

此可證柴青峰先生遵循老師的教導和研究方法，也作了相關的統計，故可以對陳先生的統計作增改。這裏必須指出，原稿的數字錯誤很可能出於記録者和鈔寫者，不應看作是陳援庵先生的錯誤。此書内另有一些數字改動也大體是這種情况。

還有幾處數字改動，則有證據表明是陳援庵先生的統計出現了錯誤。

一例是《通鑑紀事本末》。《通鑑紀事本末》將《通鑑》所記史實重新按事件編爲二三九事，每一歷史事件均加標題，成事目，如《三家分晉》等。援庵先生對「每類事目之見於五次以上者」作了統計。其中「叛二一」「滅二一」「亂一八」「篡一六」「逆七」「討八」。陳智超整理公布的陳援庵先生《中國史學名著評論》手稿《通鑑紀事本末》條亦有該項統計，其中「叛」「滅」「亂」「篡」「逆」「討」的次數與《余鈔評論》完全相同。〔二〕此可確證，上述數字爲援庵先生統計無疑。但是柴青峰先生根據自己的統計證明他老師的統計錯了，因此修改爲「叛廿三」「滅廿三」「亂廿」「篡廿」「逆八」「討七」。

另一例是《三國會要》之引書。援庵先生説，楊晨《三國會要》引書一百十五種。陳智超整理出版的援庵先生手稿《中國史

〔一〕劉迺龢：《史學叢考·序》，載柴德賡：《史學叢考》，中華書局一九八二年版。
〔二〕陳垣著，陳智超編：《中國史學名著評論》，商務印書館二〇一四年版，第十九頁。

學名著評論》之《三國會要》條亦謂「引書百十五種」〔一〕。柴青峰先生改爲「一百五十五種」。〔二〕

柴青峰先生反復細讀他老師的這本講授記録稿，努力領會、吃透援庵先生學術的精義，但他没有躺在老師成就之上，滿足於照本宣科，更没有盲從，而是一絲不苟地去查核原書，認真按援庵先生指示的治學之路去讀書、學習、深研。以上的改動，雖是小事，但足以反映柴先生對傳承陳垣之學的認真、執著和所達到的水平。劉迺龢先生在《史學叢考·序》中説：

> 在輔仁任教時，他和援庵老師住得很近，每有疑難，就去請教。師生談文論史，往往直到深夜，不計時間早晚。談到高興時，索興把椅凳移到勵耘書屋的書庫裏，一面談論，一面翻書。有時爲一個問題爭得面紅耳赤，有時爲查找論據，搬出多少典籍圖書。後來他常喜歡提起這時期難忘的「夜談」，他説他就是在這幾年的登門求教和談笑爭論中，學問才有了顯著的進展和提高。〔三〕

上述《通鑑紀事本末》《三國會要》數據的改正，説不定也是師生夜談、爭論、查書的一項内容呢！陳智超披露的援庵先生一九四五年十月七日的家書説：「青峰走後，余竟無人可商榷也。」〔四〕從柴青峰先生對余鈔《中國史學名著評論》極其認真的學習態度和展現的學術水平看，柴青峰這位得意門生在援庵先生心目中有如此重要的地位，絶非偶然。

最後還想指出，這份《中國史學名著評論》，是援庵先生和柴青峰先生在「中國史學名著評論」這一經典課程中，目前唯一一件兩人交集的文字資料，它爲我們探討柴德賡先生和陳垣先生在這一領域學術傳承提供了很好的標本，值得我們深入研究。

（作者單位：曹永年，内蒙古師範大學歷史文化學院；柴念東，蘇州大學社會學院。）

〔一〕同上書，第二四頁。

〔二〕《中國史學名著評論——陳援庵先生講述》，第三六頁A。

〔三〕劉迺龢：《史學叢考·序》，載柴德賡：《史學叢考》，中華書局一九八二年版。

〔四〕陳垣著，陳智超編：《中國史學名著評論》，商務印書館二〇一四年版，第一六五頁。

國史學名著評論

陳援菴先生講述

中國史學名著評論

目錄

皇宋通鑑長編紀事本末

續資治長編拾補

建炎以來繫年要錄

建炎以來朝野雜記

舊聞証誤

道命錄

(三)

通鑑紀事本末

宋史紀事本末

元史紀事本末

明史紀事本末

(四)

三朝北盟會編
西漢會要
東漢會要
通典
通志
文獻通考

3

中國史學名著評論

評論史書之數點

(一) 史料之來源
(二) 編纂之方法
(三) 參考要籍
(四) 版本之講求
(五) 本書之用途
(六) 閱讀之方法

文津閣本二十四史頁數年數表

史記	一二	三三一〇	二三九一
漢書	七	三九一四	二二九
後漢書	一一	三二一三	一九八
三國志	一七	一八〇二	六〇
晉書	六	三九三〇	一五五
宋書	一三	二八七一	五九
齊書	一九	一一二八	二三
陳書	二四	五六六	三三
魏書	九	三五〇四	一七二

北周元年起 只232年

梁書	二一	一〇〇〇	五五
周書	二二	九〇四	二五
北齊書	二三	七六二	二八
隋書	一五	二三〇一	三七
南史	一六	二三五四	一七〇
北史	八	三六三三	二八一
舊唐書	四	六五四二	二九〇
新唐書	三	六六九七	二九〇
舊五代史	一四	二三四六	五二
新五代史	二〇	一〇〇二	五二

宋史	一	一四〇四四	九二〇
遼史	一八	一四五一	二九六
金史	一〇	三二七三	一一九
元史	五	五五四七	一一六三
明史	二	九八八二	二七六
通鑑		一〇八九〇	
長編		一〇〇九九	
要録		五一三八	二〇〇
御批輯覽		七〇一三	一二〇
紀事本末		五〇〇七	
全編		三六八九	二五〇

（一）正史類

史記　一百三十卷　司馬遷

甲、史記史料之來源

據班固言

一、採自左氏國語　世本　戰國策　楚漢春秋

案左氏國語即左氏所作國語非左傳與國語也左傳在司馬氏作書時尚未見世本今失傳楚漢春秋今存文甚簡

二、尚存傳說口述者司馬遷聞之而述於史者此類司馬氏有時說明有時未著明故吾人不能皆清晰及之

三、得之當時檔案

史記五十四卷曹參傳所云下若干城殺若干人又九十五卷樊噲傳所云斬首若干人九十六卷所云殺若干人等則知必本於當時之冊籍也

關於史料來源之第一類者有宋人所作遷書刪改古書異詞十二卷（倪思）文獻通考經籍攷中載之今已不傳是書以漢代書籍之存於宋時而與史記文辭有異者比較以証明之其批評史記來源者有三法清人亦有此類未記史料之來源也

第三類冊籍之攷查亦可用第一類方法得之

第二類傳說須時自攷得為古代傳說至今頗不易攷定

故周前史事殊難信之也

史記周本紀尚可信多源於古書是篇以文體論若分三體者幽王前則文字古奥平王以前則文字簡單蓋本之春秋威烈王以前則本之國策也

又伯夷傳則類於集句體以當時史源極缺乏之故又如太公之名劉媪之姓則皆不可攷也

乙、編纂之體例

本記——編年

表——旁行叙上

書——分類之記載

世家——編年分代

列傳——以人之始末記載之

本紀之體非創於司馬氏一百二十三卷大宛傳有云余讀禹本紀之言則非創於司馬氏也

表者蓋本於周世之譜牒

書之一體蓋自創之分門研究也

世家一體則司馬氏所創以前雖有傳之名而用以記一人事實者則遷始也

以上五體後世皆沿用之如書之改志世家之改載記皆名異而實同

丙、文章之得失

金王若虛——滹南遺老集有史記辨惑則專論史記者也

一、採摭之誤二卷——論史料

二、取捨不當——主觀

三、議論不當——主觀

四、文藝不相承接——版本之脫佚；古書文字之故

五、姓名冗複　同史通點煩

六、字語重複

七、重疊載事——或有意或脫簡

P.3

13

八、疑誤

九、史記用「而」字多不妥用「於是」「乃」「遂」等字多不當

十、雜辨

宋代有吳縝者作新唐書糾誤

王若虛即用吳縝之法宋評史記

史通中有點煩一篇即與王先生所言之五六條相同亦即

由此所來也

丁、版本之異同

史學界於版本之學初不甚注意近十餘年來學者頗注意及

之史記最初之版本為竹簡但漢初亦有縑帛然竹簡名篇

帛曰卷攷漢書藝文志云太史公百三十篇漢志篇卷並用則知史記最初為竹簡也然亦無史記之名蓋自云太史公或太史公書也荀悅漢紀亦曰太史公而不曰史記其後漸用縑帛為卷而成本冊此後則漸分寫本及刻本也

最初史記則僅為史記自三注史記出而與原書版本略異矣是書始於明之監本

裴駰集解

駰為松之之子集前人之説而成集解是書關於漢以前一部引用注史記之説關於武帝以後一部則又兼用注論漢書之説集解原書今不得見原書為八十卷今則散揷於史記之内

攷証史記之書自唐至明家數甚多至於清之考証史記者益多而亦甚合於科學之方法約其類有別有三

一、專論史記者——如史記志疑是也

二、兼論他史者——如二十二史記二十二史攷異

三、兼論他書者——讀書雜誌

綜上之論則今日治史記須兼採諸書其說相同者取其先說其有異者則兼副之類於此者有史記會註攷証瀧川龜太郎作而是書內容所會之註尚不甚多而所攷証則僅某清人攷証之說而已

司馬貞索隱不僅注釋而尚批評

此後疑有脫简

(二) 編年類

(1)通鑑　二百九十四卷　紀事一千三百二十四年司馬光作十九年始成書梁武帝時作通史其書今不可見惟其書絕異正史之別表志列傳也而亦與通鑑之體不同今存漢紀及後漢紀其體雖為編年而不若通史也

通鑑起於三家分晉續春秋也十九年乃成

一、史料之來源

通鑑之史料固不可知而據考異觀之可得其略惟其關於事之同者則未說明而於相異者則說明其所以如是採取之故雖亦合於近世科學方法而未注明究出於何書今日視之仍

此段疑有脫簡

通鑑補可為治考
通鑑史料來源、

為缺點也惟吾人可於其考異中於其相異之書集而出之或可得之也攷四庫提要引高似孫緯略所云為三百二十四家近人之攷求則為二百七十餘家而於此諸家中為今日所不見到者已大半矣至通鑑大部史料則不外十七史本紀也明末清初時有嚴衍者作通鑑補幾三十年是書之法則據通鑑於十七史原文之點以註明之也治通鑑之史料來源可以此為借鏡也

二、編纂之體例

通鑑之體若以本紀之放大某年之事附之某年某月者附之某月其知年不知月者附之某年之末其並不知年者則攷求

之以附於某年之末故此類中温公亦不免有誤

温公於通鑑之中則用統一年號但史事歷代帝王一年之中常有數易年號者而温公僅用其最末之年號以為作者之便而於歷史之真跡則異矣夫史之要義貴於求真今温公為此故誤矣

温公紀年不用甲子以甲子所以紀日非所以紀年者也其理論至佳於事實則頗不便而用歲陽歲名也此亦温公書之缺點

通鑑補

通鑑補明末嘉定人嚴衍作用時三十餘年即補通鑑之不足

着手於通鑑史料來源之攷求也但其所研究而行補述者僅限於十七史於十七史以外之通鑑史料則未考及亦美中不足也雖然未至於盡善但吾人因之可知温公剪裁史料之方法換言之即可覰通鑑之原稿其功亦大矣（接次頁「通鑑補所補通鑑之材料」）

通鑑編纂之得失

談允厚者嚴衍之門生也助嚴氏作通鑑補在其序述通鑑有

七病

一、漏——主觀的

二、複——客觀的

三、紊——亂也

錯簡 後

四、雜——但嚴僅據十七史而温公於正史外據有二百（書又）餘種温公見而嚴氏時佚亡者甚多而嚴竟曰温公書為雜非是也

五、誤——時代之關係不得不然耳

六、執——即云温公太固執也但史家因考究之結果而存執意亦自有善在

七、誣——

1. 通鑑考異（三十卷）

通鑑考異即温公作通鑑之副産品也史料同者固無問題但一事而各書之説異者加以考証也嚴談諸氏對之不甚注意

（可仿溫鑑另作他書）

故十七史外之史料未行溯本求源也

（温公之書雖曰資治通鑑專言政治計作帝王之借鏡吾人可用其編纂方法換一新眼光作一資治通鑑專言經濟社會者唯史料之搜集助手之學識作時間之長短自非有相當之注意準備不可下手也）

2. 通鑑目錄 三十卷

温公作通鑑時作一通鑑考異畢後作通鑑目錄三十卷亦通鑑之提要也以年為準下注事目又可作為通鑑之索引吾人倘因時缺觀之可知通鑑之約略

通鑑目錄之缺點 接下八頁下不用甲子

一、不用甲子（通鑑目錄之缺點）

二、年號不確——因凡作一年表如時短年少同在一頁可書一次年號即可直書某年某年也但時長年數多至數頁時則當於每年之上冠以年號或將年號書之每頁邊上而溫公目錄則不然故觀之不甚方便

（現有歷代帝王年表係據通鑑目錄加以改良甚佳）

[4.3] 稽古錄 [二十卷]

稽古錄二十卷亦為溫公作通鑑之副產品也通鑑目錄僅有事目而不貫串而稽古錄則自上古至溫公本身及北宋英宗四年全仿史記之方法其用處即為通鑑之簡本通鑑目錄僅

讀法

供檢查但此則可供閱讀因之吾人考查通鑑時用考異温習時用通鑑目錄簡讀時用稽古錄

通鑑補所補通鑑之材料 ~~據「通鑑補」~~（移前頁「其功亦大矣」句下）

一、存殘統——如後漢獻帝非到實亡之月日另換年號不可因温公書凡帝王一年中改年號者即前半根本取消而以全年用為改後之年號如宣統三年按温公書則為二年但按通鑑補則宣統三年十月十日前仍為宣統三年自十月十日後始為民國元年也此即所謂存殘統

二、補僭主之名

温公書成于帝政時代以資治為名故其除將晉時所有與

晉同等國國主之名述明外其他各代外國有傳一代甚至傳數代者温公書亦對其國主之名概未書明如後魏雖傳數代而温公則反後魏主如何如何吾人觀之則莫明其妙矣通鑑補則將其漏者補之

三、補年號

四、文章　有主觀

五、名賢之卒

六、補隱逸——因温公僅為資治而作對隱逸則或有或無

七、補賢媛——因除皇后外在通鑑女人甚難見到

八、補藝術——通鑑無之

九

25

九、補二氏——（即和尚道士亦曰釋道）

十、補災異——通鑑無之劉羲叟（温公之助手當時之天文家）

僅於通鑑目錄上書天文通鑑本書則無嚴氏據正史之五

行志補災異

一二、補史斷——因温公史事之末率皆加論斷有價值者有之

無價值者亦有之嚴氏以温公之不足補之

一三、注解——通鑑本有宋末人胡三省注但彼專長地理嚴氏

則補通鑑之不足或胡氏之誤者

通鑑補所補者因僅據十七史固為遺憾但吾人可於此失

敗之中另獲意外之收穫蓋可於通鑑補知何者為通鑑採自

正史之材料非為正史所有者則多為温公可見而現亡之史書記載（因温公書係據二三百餘種書而成）

(2) 續資治通鑑長編

續資治通鑑長編李燾作五百二十卷李氏為南宋人近本非原本乃清時在永樂大典内輯出（現由浙江書局刻出）作法同通鑑但通鑑至五代而李氏則至北宋末止敘事約一百六十八年（所謂長編者客氣語也通鑑未成前亦曰通鑑長編亦通鑑稿也李氏云長編者蓋李氏自未敢云為定本之意也李為南宋第一流史學家）

其材料為以政府之檔案及宋各朝之實錄為基礎參以宋人

作學问方法

各家之書作四十餘年事同而材異者亦作考異附本條之下諸說共陳後以自見作斷語

此書其材料因在宋史之外故吾人用宋史之材料時當以續資治通鑑長編為佳

1. 皇宋通鑑長編紀事本末　一百五十卷　楊仲良作

此即將李燾之書以事為主按年月以通鑑長編之原文述之（按紀事本末體為宋袁樞創）

此書未知確為何人作清道光間始進呈阮元揅經室外集之四庫全書未收書目提要談及此書前故宮有宛委別藏即為阮元所呈之未收書目提要而設也宋史藝文志晁公武之郡

齋讀書記陳振孫之直齋書錄解題文獻通考之經籍考俱未載此書至清有藏書家李振宜徐乾學藏此書之抄本未知孰作陳均九朝編年備要引過此書云為楊仲良作但究為孰作不可考

李燾書為原料但此書觀之較便可用為工具蓋多宋史以外之史料也

徐謙　資治通鑑後編即為根據此項材料

2. 續資治通鑑長編拾補　六十卷　黃以周（光緒時浙人）

李燾書至此宋靖康之末現存者僅至宋英宗末僅一百零八卷黃氏書即補自英宗四年後至靖康末之事（楊仲良為將李

可作皇宋通鑑長編補

应名皇宋通鑑長編紀事本末補

氏書改體而成楊書雖中間少缺而北宋末年之部不缺清朱彝尊見徐所藏李氏及楊氏書云其材同不過體裁異耳並云可以楊氏書之後半補現李氏所缺之後半而楊氏中間所缺亦可以李氏者補之如是則二書俱全矣特朱氏言而未作至清黃氏知之深始為其言作續資治通鑑長編拾補以補徽欽二宗事雖不可與李氏書十分相同但亦得其概略耳故黃氏之材料即由楊氏書中得來特又變其體裁耳

(注意楊氏中缺者亦可按其體目自李書補之但此尚未有人作吾人有時或于畢業論文時述成之亦甚善耳其名可曰皇宋通鑑長編補)

(3)

建炎以來繫年要錄

二百卷李心傳(四川人與李燾同並稱二李為宋史界之巨子)

此書雖曰建炎以來繫年要錄實即續李燾之書自靖康末起以編體同李燾作法。

材料以政府之檔案為主參以各家之野史文集碑銘家志等一事而說異者經考定後採一說法復以他說加注文中

書目答問云未有刻本但後廣雅刻書乃刻行之四庫有著錄現四庫本及廣雅本皆由永樂大典輯出此書重要之點為其史料多為元代脩宋史所不知者故可與宋史相平在未發現

書目答問入雜史類

新出土之史料時此當為第一等材料

(4) 建炎以來朝野雜記　四十卷　李心傳

此書乃李氏繼要錄而作四庫入政書書目答問入雜史類

此書有傳本甚多如武英殿本四川函海本榕園叢書本等

非編年體非本末體此書偏於典章制度作同會要略同各史

中之志書體裁治南宋制度非取材於此不可其分類計上德

郊廟典禮制作朝事時事故事雜事官制取士財賦兵馬邊防

十三門每門之中復有若干之種類其分類病於太碎

舊聞証誤　四卷李心傳(共一本)　從永樂大典輯出

此書不全現存為後輯者才得一百四十餘條分為四卷據

宋史藝文志云有十五卷作法最科學所謂舊聞者專述北宋事而言也將北宋史事之各家多矛盾者及李燾未收入者首將各説書之前列而以自己之考証加以論斷此書文章佳辨証法精當精讀之

此書有函海本榕園叢書本而以藕香零拾本最佳書目答問置于史評誤因其關乎攷証也。

道命錄　十卷（共三本）　李心傳　知不足齋叢書本

比較舊聞証誤尤佳而四庫未搜之而四庫入於存目傳記類中因乾隆帝不贊成蓋緣其中多載反程朱之書其所以名道命錄者蓋因孔子之「道命錄者秀巖李公所編也命

名之義取諸論語蓋有感於吾道廢興之由子曰天之未喪斯文也學者又當思君子不謂命之意申區區管闚蠡測如此願與朋友講明之……」（見道命錄序）

「……自伊川之被薦而入經筵逮今百四十年矣愚不佞蓋嘗網羅中天以來放失舊聞編年著錄次第還官因得考道學之興廢乃天下安危國家隆替之所關係未嘗不嘆息痛恨于惇京檜侂之際也程子曰周公歿聖人之道不行孟軻死聖人之學不傳夫道即學學即道而程子異言之何也蓋行義以達其道者聖賢在上者之事也學以致其道者聖賢在下者之事也舍道則非學舍學則非道故學道愛人聖

師以為訓倡明道學先賢以自任未嘗歧為二焉自數十年不幸憸邪讒諂之小人立為道學之目以廢君子而號為君之徒者亦未嘗深知所謂道所謂學也則往往從而自諱之可不歎哉子曰道之將行也與命也道之將廢也與命也故今三百四十年之間道學興廢之故萃為一書謂之道命錄蓋以為天下安危國家隆替所關繫者天實為之而非惇京檜侂之徒所能與也雖然抑又有感者元祐道學之興廢係乎司馬温公之存亡紹興道學之興廢係乎趙忠簡之用舍慶元道學之興廢係乎趙忠定之去留彼一時也聖賢之道學其為厄已甚矣而義理之在人心者訖不可得而泯也孟

子曰聖人之於天道也有性焉君子不謂命也故由孔子之言則有天下國家者可以知所戒由孟子之言則修身守道者可以知所任至若近世諸公或先附後畔皆出於一時利害之私而始疑終信則由夫動心忍性增益其所不能而致此也又有或出或入之士義利交戰於中而卒亡依違俯仰以求媚於世蓋所謂焉能為有焉能為亡者必有見善明用心剛而卓然不惑於生死禍福之際於道學也其庶幾乎（見道命錄李心傳序）」 此書專載贊成程朱及反對程朱兩派之意見加以攷証末以論斷其材料全據政府之檔案如詔書奏議載元祐黨籍碑（其首領為司馬光）（北宋時）及偽

學彙籍（其首領如趙汝愚為南宋人）為關于歷代學術事論之最佳書當精讀之。

（三）紀事本末類

（1）通鑑紀事本末　四十二卷　宋袁樞

此為紀事本末體之第一書袁氏以司馬氏書太繁人多苦之遂創此體

現普通本有二百三十九卷偽也為張溥將其自三家分晉至周世宗平南間分為二百三十九事每事為卷而說也通鑑紀事本末後有論斷清之歷代史論即將袁氏之二百三十九事末論集成之此書因據通鑑故為二等材料然檢每

事之始末則甚便細因此書之目錄則可知中國歷史之概要焉此書之每類事目之見於五次以上者計

平二九、

據二三、

叛二一、

滅二一、

亂一八、

篡一六、

寇一〇、

伐九、

引

仍用史料，仍應根據通鑑。

紀事本末唯可作為檢閱通鑑之工具書

逆七、八

討六、七

此是表明袁樞之正統思想與維护封建統治立場

此書以一千三百餘年之事以二百三十九事歸納之作法甚艱觀之雖便然吾人治史者不可引用此書

(2)宋史紀事本末　二十六卷　明陳邦瞻　江西人

明張溥以其每事為卷並作一論故近本為一百零九卷

此書甚善較通鑑紀事本末尤難因通鑑紀事本末僅就通鑑原書抄尋其首尾而已而宋史為正史本紀有之列傳志書亦有之且宋史在正史為最大故求每事之始末非閱畢每事所有關之列傳本紀志書等不可得其概略然猶恐遺漏也此書

為明第一流書

此書普通本書作者為陳邦瞻而明史藝文志及明末之千頃堂書目書作者為馮琦蓋此書為馮氏起首而陳氏成之也猶有奇者明史藝文志稱此書為二十八卷故陳馮二氏究否為一書待攷

治宋史者觀此書甚便但引用時仍以宋史為準陳氏書雖名宋史紀事本末但實則遼金元史事兼而有之故於陳氏書一百零九卷中有專述者　八十九述宋而兼遼金元者十二、專述遼金者一、專述金元者三、述元者三、故仍以宋為主故名

(3)

元史紀事本末　四卷　陳邦瞻作

此書分二十七事而述材料得自元史及商輅續綱目此書因太略無甚用處且其中數事在宋史紀事本末中俱已言之不能引用但其消極作用大因現之宋史非原本而陳氏所見者為洪武間之原本故以之可校近本之元史錯誤在未見原本元史之前此書就消極方面言之誠具相當之價值也

(4)明史紀事本末　八十卷　清谷應泰　河北人

此書共八十件事每事為卷與通鑑紀事本末宋史紀事本末元史紀事本末作法不同因其成書在明史之前故價值大可引用之此書每事末附一論用駢體文書成

材料据明之私史國榷（談遷）石匱藏書（張岱）故宮有

東華錄實清之實錄

之）但多數係據明之實錄在未印明實錄之前此甚要（近（南京歷史研究所有將印明實錄之說） 清每代皆有實錄但不可公之而明之實錄則凡三品以上之官皆有勢力得求抄本故當時之人對本朝之政治以聞者及所見之實錄可書之成書明清實錄體異但俱為編年同明者即國史因無有列傳每大臣死俱將其履歷書之成篇清者則專記皇帝之事

東華錄即清之實錄王先謙為清實錄編修僱人抄清實錄甚多名曰東華錄在未見清實錄時東華錄甚要（近偽國傳將有印清實錄之說）

宋史紀事本末 通鑑紀事本末 元史紀事本末與明史紀事本

末四書學者稱之為四紀事。四紀事加(5)左傳紀事本末為清高士奇作）為五紀事，加(6)遼史紀事本末（四十卷李有棠江西人）

(7)金史紀事本末（五十二卷李有棠 江西人）

(8)西夏（三十六卷）

(9)三藩（即明末之唐王福王桂王）紀事本末（四卷）為九紀事

三朝北盟會編　二百五十卷　徐夢莘南宋江西人

三朝者即指北宋之徽欽二宗及南宋之高宗而言也北盟者即北宋末及南宋初與金人之交涉此書為第一部外交史（四庫全書置于紀事本末類）自政和七年起至高宗紹興三十二

年共計四十六年專述與金交涉事

此書內分三篇一、上篇述徽宗政和宣和間者有二十五卷

二、中篇述欽宗靖康二年者有七十五卷

三、下篇述建炎紹興者有一百五十卷

材料此書引用書有二百餘種之多現存者僅數種故此書價值甚大徐氏作此書用時數十年此書為編年體凡引用之材料皆注明原來之出處未知者而加考証者附某年之末不知年代無類可歸者另作者錄雜記於書末事同而說異者其異說並存此書少論語但當時他人對事之評語則俱引之蓋論古人易而評今則難也此書初無刻本所傳世皆抄本書目答問

書目答問入紀事本末類，誤，宜入編年類，排置低一格，尤誤。

入紀事本末類但低一格（按張之洞以為低一格者皆次等書）
現有刻本數種光緒時廣東有排印本　光緒末四川亦有
刻本（近聞四部叢刊亦有擬印此書之訊）

（四）類書（制度史）

（3）西漢會要　七十卷　徐天麟南宋人即徐夢莘之姪
此會要為北宋之創作甚似現代之百科辭典或漢書之研究
材料全得自漢書此書分十五科復有三百六十七小支目其
十五大科門即
帝系　禮　樂　輿服　運曆　祥異　學校　職官　選
舉　民政　食貨　兵　刑　方域　蕃夷
檢查研究漢書觀之甚便但並非材料書而方法可為吾人治

史之模範

(4) 東漢會要　四十卷　徐天麟

此書較西漢會要更進一步亦分十五門三百八十四小支目但十五門中無祥異而將祥異置于曆書中又自職官分封建仍為十五門此書較優于西漢會要者

一、西漢會要之材料僅據漢書而此書則兼採他書

二、西漢會要無批評而此書則有斷語此書亦俱注出處非材料書但觀之甚便也

(1) 通典　二百卷　杜佑唐人（四庫以其入政書類）

言各代典制者當推正史之志書然多為斷代將歷年典制通

而述之者則自通典起亦即將正史之志書伸長打通而言之至杜佑本人止此書為材料書為唐史書最佳者蓋新舊唐書成於後者也

通典作法除正史之志書外尚集當時各家文集奏議中之材料亦甚多且其原書所引之材料原書有許多現已亡佚故此書之價值亦即在此

通典分八門或謂兵刑二部分即成九門

食貨、選舉、職官、禮（約一百卷）樂、兵刑、州郡、邊防、

八門之內尚分許多支目

禮門前六十五卷為唐以前之禮其餘三十五卷為唐當時之禮(為開元年間所定者)吾人僅知其節目當利用時即可尋而用之通典引書不注出處為其病焉(如某人謂……等語)但因其本書本書資格已足亦可作為根據。此書非世家決不可作蓋非洞悉歷代之典章制度不可為也

此書甚似百科全書百科辭典之作法與東西漢會要同(崇文總目載類書類)(文獻通考載故事類)(宋藝文志載類事類)

通鑑與通典之作法正同通鑑為作各朝之記通典為作各朝之志書

48

議論　不宜列入類書

普通謂三通即通考、通典、通志、

更有謂三通者即三通典、通典、續通典、清通典是也。

所謂四通即三通加通鑑

九通即三通加續三通及清三通

通志　二百卷　鄭樵作南宋人

史學界分為二派即事實派與理論派是也事實派實是求是注重考証如宋之史家清之考証家理論派善發議論此是得名亦易失敗如清之章實齋以其新奇之意見書之成書自受歡迎初學尤好讀之但此派之作品倘他人發現與其言論矛盾時則非之亦當且通志為理論派因以理論而得名也

49

通志取正史整個而伸長之自問為學史記但史記之作也非有意的而通志乃故意造作也故非班固曰以班之比馬猶豕之比龍(見通志總序)對史記法則力贊之此書四庫載別史類

材料——此書耗無價值材料固全抄自正史則較原書則串通而略之故此材料不可用

此書以正史之志書改為略各史之表改名為譜其餘列傳本紀仍同

此書分

本紀十八卷 后傳二卷 年譜四卷 略五十二卷 列傳一百二十四卷

此法古人已為之如梁武帝之通史但早亡故鄭此書非創作此書因有二百卷短時間不可讀而作史料亦未為可故無甚用處鄭氏對理論最得意故此書之精論即在其二十略中

氏族○　六書○　七音○　天文　地理　都邑○　禮　謚　器
服　樂　職官△　選舉△　刑法△　食貨△　藝文　校讎　圖
譜　金石　災祥　昆虫　草木蟲魚○

凡五○者為各正史所無
凡五△者為全自通典（故有人亦非其為以豕比龍）
其氏族都邑草木蟲魚此三門本自劉知幾之史通
草木蟲魚一門史通謂之方物

六書七音古人歸之於小學
器服謚 均本於禮(器服古人歸之於輿服)
金石圖譜正史歸之入藝文類
此書之可取處即在其議論而不在其史料因有新奇之議論也其二十略中每略之前有一序其議論即表現於其序中文獻通考内對此書無記載僅有其二十略且未言其卷數而令人並二十略而不看而閲其二十略序因中多他人想言而未言之議論也此書本紀列傳至隋止禮樂刑三部已至唐而藝文校讎則至北宋校讎多發議論甚可讀章實齋之文史通義即與之甚表同情

(8)

文獻通考　三百四十八卷　馬端臨（此書乃南宋末之偉著此何以名蓋彼以為述唐以前據之書本者謂之文唐宋以來據之諸臣之奏議諸儒之議論者謂之獻且此乃串通歷代而至嘉定以前是故名也

此書分二十四門

田賦　錢幣　户口　職役　征榷　市糴　土貢　國用

選舉　學校　職官　郊社　宗廟　五禮　樂　兵

刑　經籍○　帝系○　封建○　象緯○　物異○　輿地　四裔

此書為續通典此書有○之五門為續唐天寶以來至嘉定止

此書亦為材料書此書前半本於通典(四庫入政書類)通典為容納各學説而成之熔著各家之言于一書如化學作用

通考為排列詳細目條而成之如物理作用通考於不妥之史事多加以考証而低一格附於此事之後且參以他人對某事之按語檢查較通典為便當

此書中唐以後者其力量與正史同因成於宋史之前(此書成于南宋末而宋史則成於元時)其餘續三通皆起自三通之末而至明末為止

六通

（成書之先後）		（卷數）	
三	續通典	一四四	乾卅〻
五	續通志	五二七	乾卅〻
一	續通考	二五二	乾十〻
四	清通典	一〇〇	乾卅〻
六	清通志	二〇〇	乾卅〻
二	清通考	二六六	乾十〻

因通典成書于唐故當述續通典

續通典包括有唐後半期及宋遼金元明支目同通典僅伸長而已然何以清人同時復有皇朝通典即清通典之設耶蓋清

人述清前者僅直叙而已但書清之當代者則須提行抬頭為排列方便故始分之嘻甚無謂也

續通典與清通典之分類約略相同續通典因全據宋元遼明等史故非上等史料書而不可用清通典為自清初述至乾隆三十二年為止因書成于乾隆三十二年此書因據自清當時之檔案等故為材料書

續通志與清通志之作法絶異通志齊首不齊尾而續通志則為齊脚不齊頭因續通志之本紀列傳續自唐而止于明通志校讐略至北宋而續通志則起自南宋而止明通志之禮樂至唐而續通志則自北宋至明也四庫入別史類其材料因據自

劉錦藻（續皇朝）
文獻通考三二〇卷
明會典 一百八十卷
清代各部本則例
四庫皆不著録

唐宋元明各史故非材料書

清通志無本紀列傳僅有二十略四庫入政書類材料比較有用因同一材料而清三通館俱用之亦所謂一雞三味也

續通考——自嘉定後至明史料無用

清通考——乾隆十二年作材 比清通志通典有價值因後者俱抄自清通考也

續三通為全抄自舊史清三通又有尤有價值之當代專書如大清律例大清會典等可全代之故六通無甚價值

唐會要 百卷 王溥（北宋初山西人）

會要之名傳存于今者當自唐會要始唐前雖有而今亡此

南宋最著名目錄書

為極重要之材料書作法同百科辭典立門目後尋材料如類書崇文總目郡齋讀書志（晁公武作南宋之最著名目錄書簡稱讀書志亦曰晁氏者）將唐會要入類書類書錄解題（即直齋書錄解題陳振孫作此亦簡曰陳氏）入類書之典故門通考之經籍考入故事類宋史藝文志入類事類四庫入政書類

（前於帝政時代類書甚要且於科舉時代作詞賦所謂文章華麗者即因用典故多也然人力有限未能讀盡全書故類書乃應時而生且多述風花雪月者清時類書之對象為原本書如有人者不出于類書而由于原書則名高

矣因甚倡讀原本書則類書之格低矣唐會要雖為類書但全為記載典章制度者故逐漸高之由類書而典故事類事至政書類矣）

唐會要之價值何以甚大蓋現所見之唐會要即宋王溥據自唐時之二會要增加而成新唐書藝文志有會要四十卷現亡而現唐會要之自唐高宗至德宗者即其本（景教流行中國碑唐德宗時入華）崔鉉亦有續會要四十卷為自肅宗至宣宗此為無上之材料因唐人所作唐時之史料也而王溥即以此二書之八十卷續自宣宗後至唐末共為一百卷此書雖成於宋人王君之手但彼皆據之當時人之史料

五代史料最缺

況唐書復成於後者哉是故唐天寶以前通典可據通典以後則以唐會要為最佳之材料中工具書唐會要當時固僅備檢查目錄即有五百一十四條之多用之甚便唯因其所引書亡故此乃變而為材料書大有取唐實錄之地位而代之之勢

(6) 五代會要 三〇卷 宋王溥撰

此為王溥續唐會要成後而作者此書亦甚要因史書之闕於五代者僅新五代史及舊五代史現存舊五代史乃永樂大典輯本新五代史為北宋人作較王時為後且關於典章制度者新五代史僅有司天考職方考而已其餘政經等則無特別之言記載故不足用

60

民國廿年印出

五代时学术发达

五代會要材料據當時之實錄此書分二百八十門類仿周禮之作法詳於典禮補五代史之缺有時價過五代史此為會要存今者之第二部

五代雖亂然對學術之利甚大因古之所謂統一乃由極大之壓力而成之學術思想自受其莫大之影響致未發達反觀五代因政治之亂故當時人民得到思想之自由對學術自有莫大之功利焉

(7) 宋

宋會要 三六〇卷 宋章得象撰 徐松輯

現有之有印出之希望現存北平圖書館

現普通人所謂宋會要乃清人名之者在未見原書之先就

通本略述之

材料——據自

(一)三朝國朝會要　百五十卷

宋人學王溥之辦法以宋之實錄編之所謂三朝者乃指宋太祖太宗真宗三朝是也宋仁宗慶曆四年成之此可為材料書

(二)六朝國朝會要　三百卷

即三朝外加仁宗英宗神宗謂之六朝故此書已括有前書神宗熙寧十一年成之此書計分十一類支目八百五十八門此為當代之政治經濟辭典此因官書

非一人作

(三)節國朝會要　十二卷此即以三朝會要改為十二卷

(四)續會要　三百卷

起元豐至北宋末靖康止南宋時成之此為續(二)之書自神宗末起續哲宗徽宗欽宗三朝事(北宋共九朝)此書分二十一類六百六十六門此(一)(二)(三)(四)實即二書因(一)包於(二)類(三)不過節本而已故(二)加(四)北宋者備矣

(五)中興會要　二百卷

建炎至紹興為南宋初之會要

(六)國朝會要總類　五百八十八卷　李心傳

真 22877 卷

此以(二)(四)(五)三書合編而成之偉著也

(七)孝宗會要　二百卷

(八)光宗會要　一百卷

(九)寧宗會要　卷數不清　此三種為玉海所載

現今之宋會要係徐松由永樂大典輯出

永樂大典為明初最大之類書計二萬二千八百七十七卷

書有類書與叢書之分

類書有二種一、按韻分法

二、按類分法(如以天文地理等分)

類書之用途——便於檢查也以前載叢書於類書內

64

大典〢〇〡冊

至清始分之類書為按門分類以類為之叢書以書為主類書為散碎者叢書為整者蓋其中各書俱可獨立也

永樂大典為類書以韻分類（以洪武正韻為本）

永樂大典以太大不便於檢查其目錄即為六十卷書有一千一百零九冊（繆以為一萬二千冊）半頁八行每行書分二行故實即十六行每行二十八字（本每行三十字因最上二字書類目如江東河東等）俱為小字永樂大典六年成功（由永樂元年起至六年止）初其項目極細後帝促之大急因即以全書裝入遂失類書之本性故為永樂大典之病焉然正因其裝整部書入永樂大典故因之明初之書籍今不可

鐵橋漫藁卷三與徐星伯同年書云：嘉慶中足下在全唐文館，從永樂大典寫出宋會要，此天壤間絕無僅有者，若今閒暇，依玉海所載宋會要體例，理而董之，存宋四百年典章，肆力其間，年摘子疑事、

見者我儕又可於永樂大典中得見之故其由類書而變為叢書正其佳點也永樂大典由明初作成直至清初其經過之歷史不清乾隆時值南池子皇史宬後由皇史宬移至御河橋之翰林院存於院内之敬一亭（在今使館界内）清全祖望字謝山乾隆時人甚倡此書（永樂大典之書名用紅字而註為黑字）於是集翰林抄寫不少乾隆三十八年全謝山先生想由永樂大典專輯明初存而現亡之書作一四庫全書之大本營故四庫館開後分班專輯佚書計輯四庫著錄書

經部七十種

史部四十種

今來書言若無我為著、助得附名於書議叙、慶耐懸望、雖必其人、來日或蒙恩大用、亦將及第矣、此書作於甲午歲、約道光十四年、

子部一百〇一種
集部一百七十四種　共二百七十五種、
入四庫存目者
經部九種
史部三十八種
子部七十一種
集部十種　共一百二十八種（據四庫總目所得數目）
光緒末繆荃孫字小山著書名藝風堂續集卷四內載有永樂大典攷一篇並附其卷數然與陳垣氏之數不同
計著錄

經部六十五種

史部

子部

集部

存目書

四庫提要類書之存目佚有永樂大典之提要可參考

經六十六　史四十一　子一百零三　集一百七十五

此上數目之稍有出入者因四庫提要成後四庫書加存者有之滅去者亦有之故數目不同

北平圖書館月刊亦有永樂大典文章一篇

此書乾隆後經翰林等偷竊因日愈缺少耳庚子變被火散失後價約三兩銀子一冊民六已增加七八十元民十四每本百餘元民二十年三百元近每冊五百餘元

北平圖書館存六十餘冊抄及攝影者八十餘冊藏書家而窖者約數百本

全唐文一千卷　徐松字星伯嘉慶時翰林十四年入館時年二十九歲

嘉慶時鹽商因關於四庫全書出錢不少後鹽商又出錢編全唐文一千卷當時立館名全唐文館河北人徐松於永樂大典關於唐文提出再重抄之而成全唐文因見有關宋朝

事蹟亦提出而抄之用全唐文紙之格式因成宋會要此乃假公濟私之法也嘉慶十五年徐松放湖南學差敗名而充軍於新疆伊犁七年成書名西域水道記甚有名國際間亦深注意之更著漢書西域傳補注宋會要抄而未校未對亦未編故不免差雜遺誤至光緒初年為繆筱山購得宋會要光緒十二年賣於廣東梁鼎芬為廣東廣雅書局之人經繆筱山與屠寄(敬山)重編而未成

四川人王秉恩(雪澄)辛亥年携去上海而押於嘉業堂劉承幹(翰怡)劉又請一舉人重整之此民四以前事也後成兩種稿子一為徐松者一為劉君整理後之稿

民國十五年以燕大輔大北大欲出資重印之後獨燕大出資一萬元而未能成後民國二十年北平圖於劉氏以四千元購得之而仍置館内但仍未整理

陳垣氏藏有繆氏致梁氏之書信原稿言此書亦交陳宗侃收重編纂後再為附梓等語

三國會要　二十二卷　楊晨（浙江黄巖人）

此書為工具書四庫入政書類光緒二十六年在江蘇書局出版門類分十五門與東西漢會要同引書有一百十五種（三國志與注在外按三國志注引書三百餘種）此書之材料皆加攷証清代對三國典制攷証之成績尤盡量利用故此

書材料佳此書之特長一兩漢書皆有志故徐天麟仲長其書則甚易而三國志則無志書其關於典制須別求之此三國會要之所作也楊晨之前有錢儀吉作三國會要未成功其衎石齋記事稿卷三有三國會要序例其文稿現存浙江楊家

三國會要可作基本書讀因其材料與三國志材料同而篹編又甚有系統耳

晉會要　六十卷　汪兆鏞　廣東人現年七十餘歲

（與吳士鑑俱為陳東塾之弟子）

陳澧

清代研究晉書甚盛之原因

宣統二年成稿現未刊印作法同兩漢會要惟門目稍有出入彼生于清得見清人攷據晉書之材料故此點為其書之可貴者此書分十六門而其中之二門為以前所無即經籍門與金石門是也

（按經籍一門昔未特別提出金石之學宋代因帝王之倡導始興焉至清而大盛治史者由書本而到實物故其進步也）

此書名士兵職官等門汪氏皆有特別之見解此三門前曰雖有但汪氏取材則與昔稍異

清末研究晉書風氣甚盛其因如下

一、清代經學甚佳

二、凡研究經學者莫不讀前四史以其文章甚佳也

三、讀四史首重文章次重史事

四、以其四史之範圍太窄故擴充而至晉書與五代史明史至光緒時重魏書而唐書五代史歐派不甚見重故除四史之外學者咸趨晉書以晉書文章體裁之佳麗耳

清末補晉書藝文志有四種書

吳士鑑　光緒十三年　晉書經籍志　四卷　已刻

丁國鈞　光緒二十年　晉書藝文志　四卷

文廷式　宣統元年　晉書藝文志　六卷

秦榮光　民國四年（上海人）晉書藝文志　一卷（一厚

卷也)

晉書斠注 一百餘卷 吳士鑑 嘉業堂印行

此書為吳君於民國後棄官而成書晉書斠注之作法與日人之史記會注攷証同印集所有歷代關於晉書之材料而成書此書雖未至於盡善但現尚無過其上者此用歸納法編成

作書有三法即歸納法與演繹法是也例之如下

一、演繹的——以晉書第一卷讀起遇疑問時則自己去攷証而探求之或再尋他人對此問題研究之成績故成書時必久而工作甚累笨法也

二、歸納法——可以不看晉書先找前人關於晉書之材料而逐條記於晉書原處此法易收效大然他人知者則我知他人不知者則我亦未可作對也

錢儀吉衎石記事稿卷三之序例作補晉兵制一卷彼作晉會要與三國會要均未成僅成補晉兵制一卷其名雖為補晉兵制而實乃晉代兵制之研究

明會要　八十卷　龍文彬江西永新人清光緒十三年刻

此書分十五門仍仿徐氏法因時代太近故材料太多其序曰搜羅易而去取難其書引書有二百餘種未載引用書目但引書於原文內則注出並有辯証攷証低二格排列於此文

之下而內有五卷（方域門七十三　七十四卷及外藩門七十八　七十九　八十卷）俱未注出處或疑為此處引用之材料為當時之禁書故也

此亦為辭典性之書蓋便於檢查也

（五）別史類

別史者別於正史而言即深於正史一等或謂副史然其材料或有超出正史者

四朝別史　東都事略一百三十卷　王稱　南宋四川梅州人

四朝者即宋遼金元雖曰四朝而書有五種因南北二宋故也

所謂東都者即汴梁也換言之即北宋事也

作法——與正史同本紀十二世家五列傳一百零五附錄八

附錄者當時之遼金元猶晉書中之載記專記外國之事蹟

后妃王子歸於世家無書無志自百十卷起以下成為類傳

類傳分九門(類傳者即傳以類分之也)

一、忠義 二、循吏 三、儒學 四、文藝 五、卓行 六、隱逸

七、外戚 八、宦者 九、僭僞(內詳張邦昌事)

一百二十三卷以後為附錄內詳遼、金、西夏、西蕃、交趾、元以後輕視此書故脩宋史未引此書

四庫提要謂元人未得見此書故脩宋史時未提此書

王偁父為王賞為當時實錄館之脩纂故王偁得據國史而成書江西人洪邁謂此書取材多本於國史郡齋讀書志直齋書目解題通攷經籍攷三書均載此書故陳垣氏疑元人見而未採也此書之價值在宋史之上以其作書較宋史早百年惟僅詳北宋事清康熙時汪琬(字純翁)(堯峯)　純翁外稿有東都事略跋三卷汪氏脩宋史未成故取其搜集材料成東都事略跋引書有九十餘種此九十種均為宋代材料汪氏謂宋史即根據東都事略而成而四庫提要則反對之學海類編內有張邦昌事略與西夏事略張邦昌事略僭位傳而成之西夏事略即取東都事略之西夏事略而成之邦昌事略載四庫傳記存目第六卷載記存目有

西夏事略之批詳

東都事略書作者為王偁但學海類編謂王偁為王稱王偁字季平四庫提要謂學海類編改王偁為王稱為愈僞愈拙偁 說文謂揚也而稱者銓也故以其字季平觀之則應从稱而不从偁明永樂大典編纂副總裁名王偁字孟揚後因王偁名大故遂書東都事略作者為王偁學海類編因翻板少故仍保持原來之

王偁二字

王禹偁(元之) 北宋時名人作五代史闕文書成于淳熙時淳熙為宋孝宗之年號宋孝宗之父名秀字玉偁故為避諱起見書此書作者為王稱東都事略有王偁傳但文中偁字皆為佾後人不察

(2)

竟誣書王稱為「愈偽愈拙」誠非是也（關於宋代史事宜注意史諱陳垣氏著有史諱舉例當參考之）（昔有春秋解詁一書為治名與號相關之書）

南宋書　六十八卷　錢士升明萬曆間狀元

四庫不著錄載別史存目內

作法—本想續東都事略約成南都事略之樣後因其節目與前書異故名南宋書

材料—多出自宋書（史）刪繁就簡而成之法學南北史計

本紀六　后妃紀七　列傳六十一

宋史病在列傳內繁載官銜因宋史多根據各家之家傳

奏疏　行狀而成故也

用途—吾人讀晉史宋史甚感不便因晉書分不清東西晉宋書分不清南北宋也然東都事略與南宋書乃極顯然分載南宋與北宋事

南宋書為工具書因均出于宋書非如東都事略成於宋書之前也南宋書簡略而無增加唯文佳而便檢查耳清邵晉涵二靈先生曾作南都事略而未成

(3)

契丹國志　二十七卷　葉隆禮南宋人

一、四庫著錄此書可謂華人用漢人之材料作外國史故真確性少（當時契丹有契丹字借漢字加契丹之讀法經相當之時

音韻與語之變化即莫明其妙（如現之注音字母）現發現之契丹碑識者未定因其字與中國異故不易流傳）

二、契丹當時禁止文件書籍出國因之外國俱不知之惟商人來往雖書不可帶但可據賈者之口傳亦可得其概略但不確耳

三、當時二國使臣之來往常著遊記因僅短時之考見確性亦少

四、當時由俘虜之口述而得來之材料亦有據此等材料而作外國史確性自少雖由唐書等亦可知一二但其亦由口傳而來也

現遼之史書傳至今者有二部半書

龍龕手鑑　四卷　釋行均北平僧用漢文書成爲遼時代書

83

續一切經音義　十卷　釋希麟（北平之僧作）為遼時代書
星命總括　三卷　耶律純　但作者是否真遼人待攷
以上三書四庫著錄
葉君奉敕撰而作契丹國志其特別材料取之於宋與遼往來之公文中此書除本紀十二列傳七餘即檔案也其運用材料均不剪裁而只整個裝入故至今尚可見其原料之本來面目
列傳以後即載
第十九卷　除授蕃將職名
除授漢官職名
二十卷　晉出帝降表

晉李后降表
宋真宗誓書
契丹聖宗誓書
契丹求地界書
宋回契丹書
二十一卷　契丹賀宋朝生辰禮物
宋朝賀契丹生辰禮物
宋相勞契丹人事物件
二十二卷　州縣載記
控制諸國

四至地理　四京本末

二十三卷　族姓原始　風俗部落　兵馬　建官　宫室　衣服漁獵時候試士制度

（此二十三卷可作契丹之研究其將材料滲化）

二十四卷　王沂公行程錄

富鄭公行程錄

余尚書北語錄

刁奉使北語錄（此四俱爲整個之遊記）

二十五卷　胡嶠陷虜記　張舜氏使虜記（俱爲整個之書）

二十六卷　諸蕃國雜記

二十七卷　歲時雜記

由上觀之可知搜集材料甚難

契丹國志四庫書不可靠最好爲明宋版因清將內容刪改如胡嶠陷虜記虜字改爲(北)字等是也

大金國志　四十卷　宇文懋昭(爲金亡國大夫不欲去元在宋作此書)

四庫著錄

其書仿契丹國志二書異者即前書爲奉勅撰而大金國志爲私人著作故其材料不如契丹國志也此書計

本紀二十六　列傳三　其第三十卷爲楚國張邦昌錄

三十一卷齊國劉豫錄

三十、卷　立楚國張邦昌册文

立齊國劉豫册文

檢視宋國庫藏　此等為當時檔案彼如何

取去宋國印寶　得來未可攷

宗族隨二帝北遷—隨徽欽二宗北遷宗族之名單

三十三、三十四、三十五、三十六、金國之研究（仝前書

二十三卷之研究）

三十七、三十八、二國往來之誓書

三十九、為兩國之禮制　四十卷、許奉使行程錄

BB

此書四庫著錄惟清時删改甚多耳當以明本為佳此書多人疑為後人偽作因宋國不應稱大元而應稱元朝故疑為元初造且其稱大金國志不似亡國後之所作但陳垣氏觀之以為經删改而非偽造乃元清兩度改删也

當元脩宋遼金元三史時蘇天爵（河北人）有三史質疑載於滋溪文集二十五卷有謂金趙炳文文集多少諱漢應尋原本以此証明此書為改本

(5)元史類編　四十二卷　邵遠平康熙十八年己未博學宏詞

（所謂四朝别史之四朝者即宋遼金元之謂也）

邵遠平之高祖邵經邦明嘉靖人著有宏簡錄其意即欲續鄭

樵通志(即續其本紀列傳)續至宋元史類編 即宏簡錄由元續起故或名之曰續宏簡錄以其分類甚詳故甚佳然有時亦有因太碎而無从找起者其異於正史者即此只有類傳無列傳也其分類計

本紀

　世紀—即元史無華文記載以前者全外國之紀載無年可紀混而言之曰世紀

　天王—元世祖以後者有年可紀

類傳

一、宰輔

七、皇后公主

二、功臣
- 開國功臣
- 歸降
- 平宋
- 平諸域

三、侍從

四、臺諫

五、直諫

六、庶官
- 1、文臣
- 2、循吏
- 3、武職

八、系屬

九、儒學

十、文翰

十一、旌德
- 1、忠節
- 2、孝義
- 3、烈女

十二、雜行

吾人對其分類不能滿意因太亂也

其材料多現元史以外者此其可貴點

此書雙行小注甚多康熙時提倡學問之風已成經李自成之亂士大夫專搜集宋明之經籍顧志勵欲作元詩選故開始搜集元代各家文集朱彝尊欲作明詩綜故亦開始搜集明代各家文集

邵君此書自傳自注而注出處其列傳人數較元史為多更校舊元史之事蹟而辯其遺誤並注其出處故吾輩可得見其史源亦可以示吾人研究元史之方法也且其引用書而現亡者甚多故亦甚可貴也

四庫未著錄亦未存目

此上五書移四朝別史

（6）

（四庫著錄之書均言其甚佳未著錄者而存目均貶之）
元史類編以多外國地名須改故不著錄以其書佳無法
貶之故亦不存目四庫別籍中載有戒庵詩存存目十故
由此可得知四庫得見元史類編而不載也

新舊唐書合鈔　二百六十卷　沈炳震　乾隆元年丙辰博
學宏詞

此即以二唐書合攏之其宗旨為意求美善無所適莫自己
著書本乎此固可但此則為合鈔者且過加主觀誠非是也
唐書本四百餘卷今只觀此二百六十卷換言之亦約等新
舊唐書此佳點也其本紀列傳以舊唐書為底新書之新材

93

可作新舊唐書合注

料為注志一　天文、五行、地理、以新書為正文新書删掉舊書之材料為注此其作法也

其病在多删除新舊兩書而不取而卷數又與新舊唐書之卷數不同故吾人不能只看此書而不看新舊唐書若無而讀之則更費時故尚不如僅讀新舊唐書為較省時也故其書無甚可取（最佳應以舊書一部或全部為主而以新唐書之相當部分為注或以新書之某全部為主而以舊書為注卷數不動唯每卷分上下而已）

其佳點為可以得見新書所增加之新材料故只可以為工具書四庫未著錄亦未存目然以四庫别籍類存目十二有

沈君之戒菴詩存故當時人見此書四庫於新舊唐書之攷証多引用沈君語惟未採載未悉何故

(9)

尚史　七十卷　李鍇　四庫本百七卷

李鍇與沈同時為遼陽漢軍旗人亦為博學宏詞此書為自有史以來至秦止以接漢書其意欲廢史記而代之其材料完全用馬驌繹史為底而加以剪裁即將紀錄事本末體改為紀列體而已用集句之法並各條而列之注明出處多為繹史上所引用者故此書無甚佳點以其材料無可取作工具書亦不足用也四庫著錄四庫之所以著錄者蓋四庫中有所謂銷燬（為反對清朝者）抽燬（即內中有一二篇不利于

清者）扣除（即乾隆五十年時將已載入四庫而查得仍有反對者扣除之）簡明目錄無尚史四十七年之目錄載之四庫書目略即將簡明目錄與提要之不同處説明扣除之後書籍内之所空處小者用紙大者用書填好當時曾將李清之南北史合注扣除而適逢尚史卷數大致相同故將尚史取而補南北史合注之（箱空）故四庫書目先載而後又扣除之

載記類（出於晉書之末謂之載記）

十六國春秋　百卷　後魏崔鴻萬曆刊本（屠喬孫項琳之合訂）

（亦名之曰屠本或謂之百卷本）

隋書經籍志著錄　兩唐書著錄為一百二十卷
太平御覽常引用之可知此書北宋時尚存崇文總目書錄
解題均無此書而至萬曆喬孫氏始忽刊之故多謂之偽也
（北朝書留至今者僅魏收之魏書此外即十六國春秋魏書
亦中缺）四庫謂崔鴻為北宋人而此書用晉紀年故甚異之
史通探賾篇謂
一、崔鴻作此書不應晉紀年
二、魏書崔鴻傳云此書有贊有序何今本無之
三、史通表歷篇云鴻書有表何今本無之
吾人細思四庫對此書所舉可疑之點亦未然也蓋一、

二、彼既作一百卷之書史通探賾篇可見豈表歷篇未見耶

清代有所謂輯佚之學者（清學承萬曆之學特擴大之而已）屠項二氏即作此輯佚之工作由各書中引用此原書之篇句輯

「十六國春秋」一百卷　安徽巡撫採進本

舊本題魏崔鴻撰實則明嘉興屠喬孫項琳之偽本也鴻作十六國春秋一百二卷見魏書本傳隋志唐志皆著錄宋初李昉等作太平御覽猶引之崇文總目始佚其名晁陳諸家書目亦皆不載是亡於北宋也萬曆以後此本忽出莫知其所自來証

以藝文類聚諸書所引一一相同遂行於世論者或疑鴻身仕北朝而仍用晉宋年號今考劉知幾史通探頤篇曰鴻書之紀綱皆以晉為主亦猶班書之載吳項必繫漢年陳志之述孫劉皆宗魏世裔孫等正巧附其議以售其欺所摘者未中其疾惟魏書載鴻子子元奏稱刊著越燕秦夏梁蜀遺載為之贊序史通表歷篇稱晉氏播遷南据揚越魏宋勃起北雄燕代其間諸偽十有六家不附正朔自相君長崔鴻著表頗有甄明而此本無表是則檢閱偶疏失於彌縫耳然其文皆聯綴古書非由杜撰考十六國之事者固宜以是編為總匯焉」（見四庫提要卷六十六史二十二本條）

出而成一百卷陳垣氏以為此書謂之亂則可倘謂為偽則過非也此書病在輯出此書而不注出處惟對原句稍加剪裁而已四庫亦或悉此故曰……然其文皆聯綴古書非由杜撰

四庫之所以以此書為偽之三點吾人可校之

一、其所以晉紀年者因崔鴻原書以晉為紀耳

二、贊與序或為他書所未引故非不知也乃尋之不得也

三、現本之所以無表者亦非喬項之不知也特亦尋之未得也

此萬曆本固非原書但其所据皆本原料故當未發見原書之前此書亦暫可引用參閱自不成問題矣

别本十六國春秋　十六卷　漢魏叢書本

此書在萬曆本以前為節本別本為四庫加增以別前者也崇文總目有十六國春秋略二卷未悉是否此書或謂即漢魏叢書本通鑑考異謂十六國春秋鈔亦未悉是否漢魏叢書本總之此別本十六國春秋無偽者清道光時安徽黟縣湯球（黟縣地處靜鄉嘉道間多學者湯君其一也其師為俞正燮汪文臺皆當時學界之大師）當時大集其書尤多六朝之古書而對漢魏叢書本之十六國春秋加以攷証謂隋書經籍志之「十六國春秋又纂錄十卷」故其認定後人以此十卷改以每事為卷因為十六卷也湯遂將別本十六國春秋改為十卷名之曰十六國春秋纂錄十卷（廣雅刊署湯球校）（但未成參考

時當以漢魏叢書本為佳)

十六國春秋輯補　百卷　湯球　廣雅刊

此書據湯云以纂錄為底再由各書集之而成實非由萬曆本為底也故湯氏之書實為屠項二氏之書特先尋其材料之來源而後利用之故此書為有本之學可引用之湯氏尚補有年表一卷(但吾引用此書之材料時當再尋其材料之根本原書而引用之則尤佳)

湯球更著

九家舊晉書　三十七卷　廣雅本

十八家霸史　十八卷　又名三十國春秋

(10)

以上俱為載記類

馬令南唐書　三十卷　通行本七八種之多

馬端臨文献通考經籍考著錄四庫著錄

此書專作南唐部份故研究金陵者此佳良之参考書也

因陸游亦著南唐書故以此名別之

因南唐地要而小且為南方文化之中心故集材甚雜而對史話亦引之卷數太碎編法未善可作南唐之材料書彼仿歐陽脩之書法文中多嗚呼等字

南唐書宋代有三部著作除陸馬外尚有胡恢南唐書闕於六朝為南系五代為北系故此種著作為南派

(11) 陸游南唐書　十八卷（與馬令南唐書同）

陸氏此書以馬令書為底再以其精善生花之妙筆加以剪裁世人利之刊本多與馬令書合通行

此書對南唐之三主皆有本紀馬令書則仿三國志稱蜀之法

陸放翁全集内亦有此書

南唐書箋注　十八卷　周在浚

周在浚清康熙人周亮工之子也河南開封祥符縣人此書成於康熙三十四年

此書即以陸氏書加以箋注

李清字映碧作南北史合鈔後又作南唐書合訂二十五卷　四

104

庫先著錄後亦扣除李氏南唐書以馬陸二氏書合之改造南唐書合訂亦兩不討好周在浚甚不為然於是立志作此書作法善仿三國志注因其家藏書多故作之易

周亮工為當時之大藏書家彼在獄時曾作書影即背誦記彼家所藏書四庫多引此書僅曰書影未書周名將周亮工三字之空格用因樹屋補之

周君以為南唐書闕於徐騎省（徐鉉）文集冊府元龜玉海等最重要之書俱未見且因冊府元龜引用之五代史俱用舊五代史一旦省之奚可得哉故更作箋注

元人趙世延作金陵志得陸氏書之原稿印行故陸氏書有趙

序因之趙集有關金陵之材料甚多金陵者南唐之都城也周君遂將其關南唐後之材料俱行加入南唐書箋注書作十六年此書善苦無傳本耳至民四嘉業堂始印行周君之注法習見者不注也後又欲注五代史因朱彝尊欲作之故周將材料交朱而罷但朱亦未成

2.

南唐書注　十八卷　湯運泰　上海青浦人

此書嘉慶二十五年著道光二年刊

此書所謂十八卷者即注陸氏南唐書也但周書亦或名之謂南唐書注故吾人分别此二種必於書名前亦加以姓氏作法與周氏者同即用裴松之注三國志法湯氏當時未見周氏書

因當時周氏書未出周氏以家藏淵博故材料富足因湯生於乾隆之後較周為晚故可見永樂大典與四庫提要故其材料有所憑藉而湯氏尚有未見之材料而周氏見之故兩氏之書各有特長周氏之書十六年成而湯氏書用六年即作成湯氏謂其材料上取自國典朝章至於滑稽小說神鬼故事無異不收無奇不錄

湯氏雖刻而甚不易求

湯書之缺點

(一)宋陸放翁之書宋本為十五卷或十六卷而今本為十八卷故現本是否缺末二卷或其分卷法不同當未可攷而湯氏即確

注書之法

信古本爲十六卷而將現存之末二卷不錄南唐書后妃諸王本在十六卷湯氏改在第六卷蓋其以爲歷來作史素首爲本紀次爲后妃諸王而現本置於末故前改之因此其書即全部錯亂（湯君未見原南唐書也）故吾人用此書甚感不便令湯學裴而背裴非是也雖其自認據原書但其未見宋本之原書也

（注書之法第一不可改所注書之次序惟注解而已發見誤成可疑者可按唐之義疏派疏不破注之法彼誤自已亦誤否則不作或按裴松之一派即覺錯可于注中說明萬不可任意移改原書也）

二、湯書之次病——現本南唐書第十七之雜藝方士節列傳湯君以為不然改為節義雜藝方士列傳亦非是也

傳本甚少四庫不著錄

3 南唐書補注十八卷　劉承幹（嘉業堂主人）民國四年刻成

此書非劉翰怡先生自作而為請他人替作

劉氏得見周氏稿本之後又得到湯氏之書以周氏書為稿底而以湯氏書校對之凡湯氏所引為周書所無之者取之並去二家相同之處即成書名之謂南唐書補注是太易也此書應以湯氏所有周氏所無將湯氏之各條補於周氏各段之下似此較良也總之補注應補於原書之後不應獨立名目也

十國春秋　百十四卷　吳任臣（載記類）

吳君為康熙十八年己未博學宏詞

清代共舉二次博學宏詞一在己未一在丙辰

康熙初年此書為四大奇書之一（四大奇書即馬氏繹史方輿紀要十國春秋及此書）

十國之名始于歐陽脩之新五代史後之十國世家惟寥寥數卷吳氏以之擴大材料而成百十四卷集各書關十國之材料按國分類此書計

本紀二十卷世家二十二卷餘均為列傳

列傳內有一千二百八十二人故每人立傳往往一傳僅數行

而已吳氏自謂其書引書有數百餘種而陳垣就其所舉書目數之僅一百五十六種此或其以有特別之材料即關于當時之碑刻金石集之甚多每碑為一種此之謂也但其材料可謂善文亦佳美

此書亦有英雄欺人之事是其病焉如其所引書有當時確亡者而引用書目列之似大言欺人也如徐騎省(鉉)集為當時决無者而吳氏列之引之而於徐鉉之事蹟又甚忽略故彼或未之見也又引舊五代史名列薛居正舊五代史而現今之舊五代史為清邵晉涵先生自永樂大典內輯出而薛氏原本至今未見故其所云亦欺人之談也

作書之法

此書雖自云句句皆有所據但彼俱未注出處僅於書首列引用書目此大病也既未逐條注明而每卷之後亦無引用書名故雖云引數百種究未可靠也

作書之法有下列四種

一、繹史派與日下舊聞派即凡引用之材料逐條列下如物理作用

二、國史儒林派即創自阮文達公即不用噫而採用各家之成句而成書句句注出處蓋為避免一切之情托與惡感也惟亦太過如某某字某某地人也亦注出處史家不應如是

三、疇人傳派（阮元創）引用材料未逐句注明而每傳末注明

其引用之書目

四、十國春秋派　此派已成過去未可採用

此上四種以一三派為佳第二派太碎第四派根本未可存在乾隆甲戌王鳴盛西莊先生之十七史商榷内有批評十國春秋一段惠棟（字定宇）戴震（字東原）告余曰學不在博而在精今吳氏以博學名時而不精陳垣氏評此書博專而不精

吳氏書末有五表甚負甚名為其作書之工具計

紀元表　世系表　地理表　藩鎮表　百官表

南漢書　十八卷　梁廷枏　廣東順德人

藤花亭十種即梁氏所作南漢書其中之一也
十國春秋關於南漢者九卷因多漏多誤梁氏因而發奮改造
之即取十國春秋之關南漢者擴大之成南漢書道光九年書
始作成南漢書之長處即見長於金石方面之材料此書作成
後又逐卷作攷異一卷仿通鑑攷異體
(攷異為單獨而不附于南漢書中)
其採取材料之方法有三
一、事同則採其古
二、事異則採其詳
三、所不可通者加以攷証務求必當

114

五代約五十四年而南漢僅二十餘年梁氏為廣東人故搜求材料較易而其長處即除(南漢)廣東材料外又集四外史料甚多

南漢叢錄　二卷　梁廷枏

此皆片段之文字因置入列傳內之文章不便故成此書一卷為詩二卷為文第四卷為外人與南漢之外國公文

(12)

高麗史　一百三十九卷　鄭麟趾　朝鮮人(此書為官書)

本為一百四十卷因第一卷世系為卷首故其名之第一卷實自二卷起

明景泰二年進貢到明鄭氏曾來中國為使臣

高麗史起于西曆九百一十八為中國五代之梁貞明四年至明洪武二十四年即西曆一千三百九十一始亡共為四百七十四年三十四代此為王氏專政此後即改為李氏因其所載之材料有關于中國之事蹟而中國無記載者故治宋遼金元明初之史者高麗史當為甚重要之書也

此書之組織計

世家四十六卷志三十九卷表二卷列傳五十卷目錄二卷

其樂志所載之歌詞完全為宋徽宗贈高麗之樂譜詩歌輿服志內講蒙古入主中原之後剃頭而高麗亦曾一度剃頭名之曰開剃

高麗史謂剃頭至額方其形留髮其中謂之開剃

忠烈王四年二月命境內皆服上國衣冠開剃

元紀元十五年即高麗忠烈王四年

元順帝北走之後元與其關係尚未斷絕故稱元為北元洪武三年元人追賜順帝為元惠帝年號至正其子為宣光帝即元昭宗年號為宣光也

此書作法與中國史作法相同惟無本紀而稱之曰世家四庫入載記類存目中言高麗史二卷此為殘本為世系與后妃傳朱竹垞先生之曝書亭集內高麗史之跋甚跨其體例北平圖有高麗史寫本

117

(13)

朝鮮實錄（一千三百九十二——一千九百一十）又稱李朝實錄一千七百零六卷附錄十卷

（治明清史者必當參考）

時代——繼高麗史自一千三百九十二起（洪武二十五年）至清宣統二年亡即西曆一千九百一十也中間二十七代五百十九年相當明清二代書用漢文成昔無人利用過現由朝鮮影印非賣品中國費九牛二虎之力現僅得一部存北平圖為極新材料

此書有一千七百零六卷　附錄十卷有八百四十八冊厚冊

此照明實錄之作法為編年體有大臣之傳

118

此書本為一代一代之實錄本有二十七代但有二十八種因有重脩者並存其最末之王李太王父子二代無實錄以前者俱全

同治二年因李太王流落日本故光緒以後者即無之

中人與朝鮮無關者此亦多記之

將此書關於中國之材料俱抄之亦甚善

實錄	卷數	冊數	相當之中國年號
太祖實錄	一五	三	洪武二十五年
定宗	六	一	建文元年

太宗	三六	一六	建文三年
世宗	一六三	六七	永樂十六年
文宗	一九	六	景泰元年
端宗	一四附一	六	景泰三年
世祖	四九	一八	景泰六年
睿宗	八	九	成化四年
成宗	二九七	四七	成化五年
燕山君日記	六三	一七	弘治七年
中宗	一〇五	五三	正德元年
仁宗	二	二	嘉靖二十四年

120

明宗	三四	二一	嘉靖二十四年
宣祖	二二一	一一六	隆慶元年
脩正	四一	八	
光海君日記	一八七	六四	萬曆二十六年
仁祖	五〇	五〇	天啟三年
以上明代			
孝宗	二一附一	二二	順治六年
顯宗	二二附一	二三	順治十六年
改脩	二八附一	二九	
肅宗	六五	七三	康熙十三年

景宗	一五	七	康熙五十九年
脩正	五	三	雍正二年
英宗	一二七	八三	乾隆四十一年
正祖	五四附二	五六	嘉慶五年
純祖	三四附二	三六	道光十四年
憲宗	一六附一	九	道光二十九年
哲宗	一五附一	九	

中國史學名著評論　第二學期

（六）傳記類

以人為單位者為記　然四庫中則頗紛亂吾人不論學文學史須取前人集為一榜樣苟做到某人地步又可再向上發展

（1）名臣言行錄

前集十卷（五十五人五朝自太祖至英宗）
後集十四卷（四十二人神宗至徽宗三朝）宋朱熹撰
續集八卷（二十九人北宋末）
別集二十六卷（南宋四朝　高孝光寧六十五人）

外集十七卷（三十八人南宋道學名臣）宋 李幼武撰

此書編輯方法與目的甚可取法

朱子當時錄名人令後世取法（內容專載宋代）

此書可視作模範傳記作品其取材於當時之記傳各家文集

引行狀墓誌等分類而錄之並注其出處讀此書可得見其作法

或謂此書係朱子未作成之書

以其採自各家文集故內容多褒貶又因其作此書之目的為

令後人取法故所採者均為足為取法之人是以只有褒無貶

且私人墓誌行狀多為私人之子孫或下吏作故有褒無貶與

官書有別因官書有褒有貶也但私家亦有有褒有貶者則多

為説部以其多恩怨借以發洩也最近所出沃丘仲子近代名人小史則全為藉褒貶以敲詐也

此書之價值高于宋史蓋在元人脩宋史以前也又宋史只籠統一傳而名臣言行錄則注明出處亦較確切而有根據也

(2)名臣碑傳琬琰集　百七十卷　南宋杜大珪

四庫内有此書北平圖又藏有半部(殘)

朱子名臣言行錄乃按朝代分而此書乃按體裁分為上中下三部上部共二十七卷為神道碑之體裁中部共五十五卷為墓誌行狀之體裁下部共二十五卷則别傳體裁自北宋至南宋高宗紹興為止此書注重碑傳故有褒無貶開後來碑傳一

派碑盛行于後漢三國時曾禁止一次于是子孫為祖宗誇揚乃有別傳之設(代碑)迨後別傳體裁又不時髦乃又有墓誌之設(與碑不同碑在外志在墓內)故近代在洛陽發現北魏墓誌極多總之碑別傳墓志皆為死者子孫或弟子作皆有褒無貶者然其人之世系則較官書為可信

杜大珪為四川梅〔眉〕州人與李燾李心傳同鄉利用碑別傳墓志為材料乃其時其地之一種風氣(杜氏明白此點)則專輯此種材料而成此書)乃將整個的材料錄入與名臣言行錄之各段合成者不同

(3)唐才子傳　十卷　元辛文房

此書四庫亦著錄但只有八卷故可知清代脩四庫時尚無全本乃自永樂大典中輯出者迨道光年間在日本發現全書（在佚存叢書內）共三百九十七人四庫內只有二百八十七人此書文章極好西方人能做出好中國文章真是難得辛文房又能作詩有披沙（揀金）集此書乃以人為主而以詩話體裁為之其取材且旁及各家文集此既以詩為主可謂為一部唐代文學史其批評各家頗為得當朱彝尊亦頗稱之且其詩中常寓有批評各家語句

(14)

元朝名臣事略　元蘇天爵　十五卷

蘇氏為北方之學者（河北正定人）元末脩宋遼金史時蘇氏亦

作學問方法

為其中之一份子

此書之價值在元史之上其作法仿朱子名臣言行錄其取材亦以人為主其人之事或在別傳或在墓誌或在碑總為之組合焉但此書除注出處外並于其衝突處加以考証附于本書之中用李燾之法非司馬光之法也——此法成為現在作學問唯一方法(阮元)疇人傳之方法亦佳但尚不如此法方便也(陳校長現又發明一種新方法不久即可出版矣)

(5)皇明開國功臣事略(卷數不明)

(6)開國群雄事略 十二卷 〉錢謙益

錢氏可謂為清代學問之開山祖錢為明代進士雖降清然

極罵清故清代極恨之四庫闕于其書皆置入禁書內
皇明開國功臣事略吾人于初學記錢氏文集十八卷中可以知其一二錢氏兼用蘇天爵與李燾之體裁其開國群雄事略乃以人為主而以編年體作之者較蘇氏更進步不過尚不如陳校長之法

以上各書皆可謂之為材料書

(7)

國朝(明)獻徵錄　百二十卷（焦竑明萬曆人）　萬曆刻本

四庫不著錄存目提到此書四庫謂其博而不精此書以官分類係屬創例也其無官者則以儒林孝子等類分之自洪武至嘉靖所引均注出處此書名之上冠以焦太史編輯即欲以廣

銷路也蓋焦竑當時甚負盛名

一、本朝京省人物考　百十五卷　過庭訓　均天啟刻本

二、國朝列卿年表　百三十九卷　雷禮　萬曆刻本

三、國朝列卿記　百六十五卷　雷禮

一、為工具書此書以省分類此書由實錄鈔出最多因實錄內多將一人之小傳裝入其鈔出後又按省分之

二、為編年體為最好之工具書以其便于檢查也

三、以官為主而按年排之亦良好之工具書也

碑傳集　百六十卷錢儀吉道光時人光緒時浙江書局為刻本

此書學焦竑書仍以官分類由清初至嘉慶止

此書書名經三次改訂初名之曰百家徵献錄後坊杜大珪書名改為碑傳集書錄一千六百八十人有列女三百八十餘人附于後所採非作文章者之文有五百六十餘家目錄之後書前有作者記略次第方法欠佳且過于簡單以刻版時排者提引不清致不甚便于檢查也

(9) 續碑傳集　八十六卷　繆荃孫　江寧書局刻(宣統年間刻)

此書為接錢君書而作由嘉慶至光緒刻法如錢氏亦不佳也

(10) 碑傳集補　六十卷　閔爾昌(輔大國文教員)燕大排印本

道光以後之人物均可于此書中找出甚便于檢查佳參考書也

(11)
文献徵存錄　十卷　錢林　咸豐年間刻成

此書專載學者文人材料較漢學師承記為多

此書病在不注出處故不能引用

(12)
國朝先正事略　六十卷　李元度　同治光緒間刻成

此書以官與非官而分類材料亦不少文章雖華美而不能用

(13)
國朝耆献類徵初編四百八十四卷李桓光緒時刻　湖報

此書共七百二十餘卷

繆氏續碑傳集中有批評此書之編輯無法而採取不精若以適用論此書則甚適用也一、以分類少故便於查二、以人為主以單篇書之以備將來之增益也此其佳點三、此書雖係在清代所成惟關于皇朝者不提引而只空格此亦佳點也四關于人則不先叙其官職及其文章而只先書其人名為題目此亦佳點也五並於筆記中有關于某人之佚事只取而輯之亦佳點也書為三百册而有姓名通檢十卷故書雖繁亦尚便檢查也

(14) 清史列傳八十卷　中華書局排印本民國十八

(15) 清史稿列傳三百十五卷　民國十六商務印書館旋以價昂政府禁止之

此二書不同前者為清史館之稿後者乃原稿删改增訂而成故清史列傳較詳而傳少而清史稿列傳則較多而甚略也道

光以前之列傳均可以在耆献類徵内得見

清史稿共五百三十六卷

清史稿在關外印者有張勲及康有為兩傳而關内者則無但將第一卷分為二卷

清史稿因不用科學方法致遺漏不少其最著者如杭世駿大宗先生朱筠(竹君提倡由永樂大典輯四庫書者)翁方綱(字覃溪大金石家善書法)

此種大著作應首作一姓名通檢以便檢查不致遺漏也北平圖月刊第六卷載有清史傳目通檢一表甚便於查為北大孟森作孟書陳垣氏謂有小病

凡一大著率有總卷數與子卷數四庫總卷二百四庫書口有子卷數如經部何類等即子卷吾人應用子卷因如提四庫總卷若干卷絶不知其内容如用子卷當知屬何類何卷一目瞭然也故書凡總卷與子卷二者俱備者當引子卷也

而清史稿之子卷數為三百十五卷清史稿之書目無總卷數僅有子卷其總卷數在書内而以本紀列傳志三者分各自一卷始故編列傳通檢應按列傳之子卷但孟君竟用總卷編之故利用之難彼故又製一表述明總卷相當子卷之何部如此白費手續何如直以子卷作表也

明儒學案　六十二卷　黃宗羲

普通所謂列記多述其人之一生事而明儒學案則不重事蹟而只重其人之學術主張與其思想也

此書之作法盡取法於佛教禪宗中之傳燈錄派此外尚有宗門統要宋和尚道原著有景德傳燈錄三十卷永作禪宗此書(即明儒學案)在文學中為創體而在佛宗中為模仿也

此書之作

一、其人之事略

二、根據語錄將其學術思想提出

三、訪清其學侶而查其學派

四、述其弟子門人及學派之源流門人之較著者則另提出單論之

（17）

四庫著錄

宋元學案　百卷　黃宗羲原本全祖望脩補　道光末年刻成

四庫以未得見故未著錄其書之作法宗旨均與明儒學案同

明儒學案之內容分為程朱派與陸王派（姚江派）二派宋元學案則不然因當時學派甚雜故頭緒甚不易清晰然其書中作有一表以其學派之門人弟子盡成系統故頭緒清法甚佳也

宋元學案之取材亦與明儒學案同均系取材于私家文集與語錄中

此書現存本為寧波王梓材先生于道光時補成者

此書第九十六卷為述元祐黨案（司馬光等北宋）九十七卷為

137

慶元黨案（朱熹等南宋）九十八卷為（王）荊公新學略九十九卷為蘇氏蜀學略百卷為屏山鳴道集說略（李純甫趙秉文二家均為金朝人）

此二書為中國學術思想之代表

（18）

清儒學案　徐東海世昌　（為其幕府代作而署徐名）

現尚未刻出只有底稿為油印者

此書名與前二書同內容則異以其書內不只在思想學術尚兼載他種科學于內也如史學天文等

138

(七) 年譜

年譜起于北宋首創者為北宋元祐黨之呂大防呂君有杜(1)工部年譜韓(2)吏部文公集年譜

其作年譜之起意在其讀書方便而作也呂後繼作者多如孔(3)子編年五卷（宋）胡仔

(4)陶靖節先生年譜（宋）吳仁傑（並作兩漢書刊誤補遺）

(5)山谷先生年譜三十卷　黃㽦（黃山谷後裔）（南宋人）

最近適園叢書刻成之

(6)戚少保年譜十二卷　明戚祚國等（祚國少保繼光之子也）

(7)王荊公年譜考略二十五卷　蔡上翔嘉慶刻本（中多辯論）

燕大有排印本

(8) 蘇詩編年總案 四十五卷 王文誥 杭州局本

(9) 阿文成公年譜 三十四卷 那彥成(阿文成即阿桂乾隆旗人那君其後也)那文成公年譜為年譜中之最大者

(10) 曾文正公年譜 十二卷 黎庶昌(貴州人故學派刻古文叢書者)光緒時成書此較那氏年譜對太平天國之役首尾事蹟甚完備

(11) 左文襄公年譜 十卷 羅正鈞(湖南人)光緒時成書

以上所述為年譜之最早及最大者

140

模範年譜

一、昌黎先生年譜一卷　顧嗣立康熙時人著有元詩選甚負盛名秀野草堂刻昌黎詩箋注附刊本康熙三十八年刻成此年譜之作法為四層法此法即顧君始橫式第一層紀年第二層時事第三層出處第四層詩

此法甚佳惜未能盛行蓋以前無人提倡耳吾人作年譜當宗此法凡一大文集皆當以此法作一年譜以便檢讀但最難者即尋其人之生卒之日甚至生卒日人有數說當首攷証而後定之

二、白香山年譜一卷（汪立名汪著白香山詩集四十卷）康

(141)

熙四十二年成書一隅草堂編　白香山詩集附刊本
作法全仿昌黎先生年譜

三、全唐詩人年表　一卷　徐倬　康熙四十五年成書
　　全唐詩錄本
全唐詩錄較全唐詩早全唐詩即以全唐詩錄底本而成此雖仿顧法但顧君編之年譜乃一人者此為全唐之詩人人數既多法亦略易計此四層法第一層紀年第二層紀事第三層詩第四層附錄

四、元遺山年譜　一卷　施國祁（浙江人）道光二年成書尚作有金史校施注元遺山詩本十六卷元遺山即元好問金末

之大詩人作法與韓白兩年譜同

施注元遺山詩甚佳普通注詩注典故此則兼注本事

注本事之體始于李壁北宋人李燾之子也其注王荆公

詩即注其本事也亦史學界之創體

以上年譜均以其體裁最佳也

春秋繁露義証　七卷蘇輿作湖南本並附有

董子年表　光緒時作宣統年刻

此亦仿顧氏之四層法甚佳用顧氏法者約此五種

北平圖月刊第三卷一號至五號載有年譜攷略倘吾人欲

作年譜首當參攷

143

〈摘錄〉
史鈔三步驟

八、史鈔類

此種書早已有之但史鈔之名實自宋史藝文志始

用途一、便省覽與記憶 二、可為類書為作文之料資也

四庫全書史鈔類載有三種均不甚佳

作史鈔應分三步驟

一、見材料之有關者抄之

二、將已抄者約略歸類以備運用

三、又可分二層

A就所有材料分類組而成文即以材為主自無成見

B以自己之主意利用驅遣所得之材料而為文

144

普通作史鈔者作到第一層之工作較佳者作到第二步如至第三層則為著作而非史鈔矣

四庫著錄之三書

(1)

一、兩漢博聞　十二卷　楊侃（北宋人）粵雅堂本

以其讀漢書時隨意將其有興趣者或新穎者提而鈔之並加漢書之原注次序同兩漢書僅便其自己作文甚無謂但四庫之所以將其收入者因楊君為北宋人其所見之漢書為北宋本故其抄者與今本多異以其時代居前足以校今本之謬

(2)

二、通鑑總類　二十卷　沈樞（浙江人）與袁樞號通鑑二樞

此書昔日甚負盛名以類為主其分類法按冊府元龜分之共

二百七十一門宋史藝文志著錄而附於通鑑之後此書甚便
檢查可作類書讀之

通鑑類纂　二十卷　松椿（旗人）（清末人）
取畢阮續通鑑司馬光通鑑及夏燮之明鑑三書合作成以其
未及通鑑總類佳故無甚名氣

三、南史識小錄　沈名蓀
北史識小錄　各八卷　朱昆田（朱彝尊之子）同編均浙江人
此書無甚用皆因朱彝尊情面之關係而入四庫也
作法同兩漢博聞惟兩漢博聞以特別名詞為主
此書則以句之華麗者為主提抄之集成此書為四庫之最

壞者

(57)南北史捃華 八卷周嘉猷乾隆四十餘年方成書四庫未及著錄（四庫呈存人之書不著錄）

此書抄集多句分類而按世說新語原來之門類成三十四門亦即續世說新語之書也

(九)詔令奏議類

新唐書藝文志起居注類有詔令奏議

(1)兩漢詔令 二十三卷此書計分西漢十五卷林虙北宋人

東漢十一卷樓昉南宋人

此書四庫書錄解題通考宋志俱著錄此書名氣甚大然漢

與宋相距千年其材料究各出于何篇則未注明唯僅將漢書詔令之成文者抄集成之而已非材料書然亦非工具書僅可曰模型書此體亦自宋人始此書版本除宋本外尚有四庫本嚴可均作全上古三代秦漢六朝文法雖同且逐條注明出處較兩漢詔令為佳

(2)唐大詔令集百三十卷 宋 宋敏求（大史學家助歐陽作新唐書之第一位）

此乃材料書而非模型書亦自兩唐書抄來唯據新書者少而舊書者多俱全如仿前法將舊書抄之則與兩漢詔令同差耳此書除此材料外又將當時實錄之詔令抄加甚多但唐實錄

現多亡故此書亦有價值

四庫著錄以前無刊本現適園叢書據抄本刊此書唯與四庫本全缺二十餘卷耳

詔令以三十類分之多例行文即冊文此可看當時文之體制為多駢體文也而新唐書因不悅駢體文故闕於此體詔令多不用不得不用者則為散文故欲觀當時詔令之真目不得不讀此書

新唐書八十二卷有十一宗諸子傳代宗子有名曰嘉王運者新書為貞元十七年薨即西曆八〇一與新書德宗紀所云相同在文宗紀云為開成三年薨即西曆八三八與前說差

三十餘年諺云三占二為然則當以前說為對然就此書實曆元年（西八二八）南郊赦文二亞献嘉王運終献循王遹各賜物一百匹如此則前說當絕誤而後說或然也此之謂廢物利用

雪樓集——程文海　誥封三代文甚佳元史氏族表即利用之而成亦廢物利用也

上諭內閣　百五十九卷　雍正時編

凡引用詔令時引用年月不可用其卷數也

此書用途——全以雍正元年至十三年故此書有二本

治近代史者此等詔令掌故書甚要尤其際此故宮檔案開放

之時非用此書作一基礎之智識無從看起此書為當時之綱領

上諭八旗　十三卷

上諭旗務議覆　十二卷此三者為一書卷數為假蓋其內無卷

諭行旗務奏議　十三卷　數之分耳

此三者雍正九年編起續下一種本為滿文一種本為漢文治清史非看此書不可

上諭內閣為普通者各事皆有後三者專關八旗者(一)專為上諭(二)上諭在前議覆在後(三)奏議在前上諭在後

此等書為研究何以少數之滿人竟能統治漢人數百年之久

之最佳材料此亦為研究民族精神之必要書上諭內之文筆如學辯論最佳之模範較韓非子商君書收效尤大

(5) 硃批諭旨　三百六十卷（卷數亦假）

因雍正時作故未書雍正二字

此書共二百二十三人之奏摺分十八函每函六冊共一百零八冊有殿本排印本清時甚通行因高等幕府學之

陳垣氏在故宮發現雍正硃批不錄之諭旨六大箱不便于當時發表者甚多（即密秘者）現存平滬未確

(6) 十朝聖訓

清太祖至同治按清自太祖至宣統共十二代

有殿版大木版小木版排印石印等本

此皆為詔令上諭凡一帝死繼者即為之編聖訓與實錄並行

言—聖訓

行—起居注—個人的當時不令帝見

　—實錄—清實錄對外不發表

頭三種即太祖四卷　太宗六　世祖六

此書乾隆以前者須全看

(11)

(十)奏議類

陸宣公奏議　二十二卷　又名翰苑集　唐陸贄

此為奏議類之最古者四庫錄於別集類該書之版本甚

多但卷數不一因各人之分法不同此書於專制時代用之甚
大故版因多
此書之所以通行也不在其內容之懇切或有涉及詩詞而
在其文體駢文體並為論事之駢文體與史通之文體相近且
此等皆非風花雪月之駢文故唐及民初得大通行政府之命
令詔令多用之蓋亦例行文章也
中國古文古籍皆不點句故散文之不點句者頗艱閱讀而
詔令奏議等為便於閱讀乃用駢體文乃例行文章又因為祭
文哀詞等為求音韻之美妙而用駢文
陸氏奏議於駢體文中多重複叙述意味濃厚故易引人注

意此又陸氏書盛行原因之一也

新唐書不載駢體文不得已時乃將詔令之真面目改為散文惟於陸宣公奏議竟錄其十餘篇其重要當可想見通鑑採陸氏奏議竟至三十九篇之多此書有十萬卷樓本十五卷可讀之又有翰苑集注本二十四卷並附年譜乾隆時刻最佳本

(2)曾文正公奏議　三十六卷　李鴻章等編　在曾文正公全集內

又有十卷本乃曾弟子薛福成所編

此為史料書太平天國關係者甚多關於洪楊本身之史料

一、洪楊本身之佈告

二、私家記載

三、外國人之史料記載

四、清官府之記（曾公奏議即屬此類）

奏議為當時之材料較後來記載甚要凡治一代或某一地方或一種制度或一專案最好能得當時之奏議如治兩廣地方之事最好得兩廣總督之奏議曾文正公奏議因與史料有關又為古文家桐城派之人物而其為文非一般桐派之淡薄所及故享名尤甚

曾公之奏議內有克服金陵奏章云十數萬賊無一降者至

聚衆自殲而不悔誠古今未有之悍賊可見洪楊之亂必有甚嚴密之組織能令人為主義而死也此實治太平天國者之最佳史料

(3)☆

總集

國朝諸臣奏議　百五十卷　趙與愚　南宋孝宗慶元時

此書現甚艱得自元迄明清無刻本只宋本現北平圖藏有六部然最多者僅百三十八卷次為百二十五卷可為材料書此書不易得比宋會要有價值四庫著錄此書編制朱子曾提意分年編制但趙與愚未納乃以類為主總諸臣之奏議而成

趙書以研究事故分十二類

157

一、君道　二、帝系　三、天道　四、百官　五、儒學　六、禮樂
七、賞刑　八、財賦　九、兵制　十、方域　十一、邊防　十二、總議
某人之奏議俱注其人之生年月當時居何官
趙在國史館多年乃由檔案選出此百五十卷分類編纂整個
北宋之史料政治等始末一覽無餘比宋時著作為早

歷代名臣奏議　三百五十卷　明楊士奇等編
此為明初永樂年間楊士奇等編上迄商周下至宋元
奏議皆載之內分六十四門此書題目太廣作法欠佳
此書關於商周之奏議由尚書左傳等抄出在商周時本無所
謂奏議而此書即各處抄來當無價值較佳者唯南宋元而已

然此書甚難得北平圖有一部

（5）

明臣奏議　二十卷　乾隆四十六年編　（官書）

此書材料不可靠四庫著錄有聚珍本

此乃欲暴露明之暴政搜集明末諸臣互相攻擊暴露弊政之奏議編成討使人讀之不復有思明反清之思想此法最為毒辣

此書乃皇子選材又注此書不得不刪改者則又露此為偽作而非書錄奏議之真目

（十一）地理類

159

（1）女

元和郡縣圖志　四十卷　唐李吉甫（趙州人）

元和為唐憲宗年號李吉甫為栖筠之子李德裕之父

此為唐地理圖志書之留今者最早本今代地方誌體例多仿此書猶史記之為正史模型同元和志之圖至宋亡佚今本無圖

此書今缺六卷即缺一九、二〇、二三、二四、三五、三六、等六卷然五卷十八卷二十五卷亦殘缺不全四庫提要謂二十六卷缺為誤實三十五卷佚也蓋此書為裝釘五卷一本此書雖有遺失價值甚高今之四庫本仍為四十卷乃將三十四卷分成四十卷卷數雖全而實缺六卷也（聚珍本同此）

此法甚壞蓋引用時卷數即生問題

160

四庫此種辦法謂係仿宋代之水經注而成此為錯誤
蓋宋之水經注雖缺數卷然為翻印書賈營利之法實為不當
今之畿輔叢書之元和志版本較佳。蓋李氏為冀趙州人叢
書之印元和志也由周夢棠引用孫星衍之岱南閣本校訂又
有張駒賢考証（張為李同鄉）故引用時以此本為佳

內容作法　此書分道府州　縣三級記載

一、以府州為單位每府州記其沿革
二、再記其戶口（實有戶無口乃以開元元和間之戶口比較）
三、記府州縣之境界
四、四至八到

五、言其貢賦（即物産）

六、言其所屬縣屬

每縣記載山川河流　古蹟　名勝　阸塞等三項

此書與杜佑之通典有同等價值為治唐代史地之參攷書

(2)太平寰宇記　二百卷　宋樂史

此為北宋樂史作較元和志為佳

四庫著錄皆百九十三卷中缺一百十三卷至一百十九卷共缺七卷現江西有萬氏本及樂家祠堂本皆缺第四卷共缺八卷四庫之言誤也

清光緒時楊守敬（惺吾鄂人）隨黎庶昌為駐日公使隨員時

在日本大購舊書（中國舊書因明治維新仿效西法中書因以價低）（見楊氏日本訪書記）在官庫中見有太平寰宇記之殘本内有百十三至百十八卷楊乃借中國公使名義借得（三十五本）抄之（内有百十四卷後半亦缺）（百十四卷缺半部百十九尚缺四卷亦缺共缺二卷半）後楊氏有影宋本太平寰宇記補闕補録五卷半故現僅缺二卷半也

但湖南有陳運溶者謂楊氏補闕為偽造時陳氏方作太平寰宇記拾遺七卷費力甚多及楊氏補闕出陳氏空用力氣大為不滿乃成太平寰宇記辨偽而公於世

陳氏辨偽乃據輿地紀勝而成太平寰宇記補闕所缺之湖南

日本訪書志及留真
譜據楊守敬自撰年譜
光緒辛丑始刻成、

部分輿地紀勝亦缺故陳謂楊乃抄輿地紀勝而成又謂日本
之本為偽造亦巧事也
麓山精舍叢書本有陳氏辨偽
楊氏有留真譜(史部份)將日本之寰宇記殘本首尾兩頁影印
之計証其所據也
湘人葉德輝有書林清話(民六出版)有日本宋刻書不可靠
一段詆楊氏之補闕為偽
北平圖善本書目有一至三、五至七十四、七十八至二百、本寰
宇記實則百十三至百十九仍缺、書目誤也、
內容　作法

此書乃太平興國時作當時仍分十道與元和志同燕雲十六州已失而書内仍載之

分道　州郡　縣三級記載以每州郡為單位

一、叙州郡之沿革

二、領縣之多少

三、州之境界

四、八道　　五、户（以開元之户與太平之户相較）

六、風俗（元和志無）　七、人物（元和志無）

八、土産（與元和志之貢賦同）

縣紀山川、古蹟、要塞、三項

165

材料較元和志豐富更可引人入勝

(3) 元豐九域志　十卷四本　王存等　北宋

官書在地誌中頗負盛名蓋地名簡便詳今略古也

用處—為簡明地理而詳今略古頗便實用如今之袖珍地圖然

內容—專載道里之遠近而戶口、土貢、鄉鎮、（鄉鎮之著名者）川山皆載之戶口下兼載主客戶為其特點、

四庫頗美此書然亦僅在當時有其價值也且數目字不可靠排列不清易生錯誤亦病焉

(4) 輿地紀勝　二百卷　南宋　王象之（浙江金華）

王象之與王益之（作西漢紀年）為史學世家

四庫未著錄

道光末年始有刻本乃甘泉（楊州）岑氏懼盈齋刻本據阮元

文選樓本而刻

阮氏文集有四庫未收書目提要又名揅經室外集又名宛

委別藏（存故宮善心殿）民十三年始見此書今商務將影

印別藏內有輿地紀勝岑氏書乃據之而成也

此書亦有缺佚

（5）

明朝輿地碑記目　四卷（四庫在目錄內有紀錄著四庫時以

為輿地碑記目即輿地紀勝內之碑記之四卷實誤不知碑記

167

目乃由紀勝二百卷内抽抄而來而著四庫目錄者以為輿地紀勝編法即如碑記目分類實無大誤也輿地碑記目亦有缺佚缺六州一郡共為七卷

岑氏本缺三十一卷

内容—每府州軍監　分十二子目

一、府州沿革　二、縣沿革

三、風俗形勢　四、景物上（自然風景）

五、景物下（人工建築）六、古迹（有歷史性）

七、官吏何人曾至此地作何官　八、人物

九、道釋神話中之名菩薩道士和尚十、碑記（金石）

十一、詩（關於該縣對於風景等所咏詩）十二、四六　駢文四六句

李燾之子李𡌥曾為紀勝作序一篇（燾次子為李壁）李

言觀其書乃如身如其境各地方言等可閉户而知之李言

王象之書乃為他人而甘為他人之詩料偏重文藝詞章故

於好遊覽者相宜

此書可補宋史中南宋史部分之缺略

(16)☆

清代三大奇書

讀史方輿紀要　一百三十卷　顧祖禹

四庫未著錄書目答問列入子目兵家類因其書多述攻

守方略顧氏為清初人（明末）作　此書時為二十九歲成書時

已五十歲矣此書與梅文鼎曆算全書及李清之南北史

合鈔為清代三大奇書｜錢林文献徵存錄等書均有紀載之事

顧氏為江蘇無錫人（顧亭林同鄉）乃世家子因感亡國之恨乃重地輿之學計為他人之寶鑑然因貧書多不能自備然因與徐乾學相友善徐氏之書顧氏皆得看過乃可成此書

此書專述山川形勢險要古今戰守對古蹟景物即無記載

此書本身文章甚佳（學太史公史記戰國策之筆法）書序作法尤佳令坊間有讀史方輿紀要序十五篇單行本

此書之前九卷別名為歷代州域形勢亦有單行本文章極佳

顧氏有一摯友寧都魏禧叔子亦為紀要作序一篇

此書之批評　志在談兵長於文章而疏於攷証此書實非直取材於正史直取於通鑑通典（通鑑地理通釋）

道光間濟寧人許鴻盤方輿攷証百卷乃專糾正讀史方輿紀要之錯誤而許氏對於紀要之兵家形勢之外更涉及水利河務海防然因乾燥無味不能得一般人之賞識且顧之錯誤亦雖免隨之復錯伊雖費力而無實益其稿無人刻出直至民國二十二年山東人始代刻出　紀要版本甚多

(7) 天下郡國利病書　一百二十卷　顧炎武

此書無單行本乃與讀史方輿紀要合刻四庫未著錄因未

完稿僅刊於存目中此書之材料多取自各府州縣地方志及奏議文集明實錄等原文抄出而顧氏無一句攷証且不注出處亦無卷目不能引用

水經注　四十卷　後魏酈道元（涿鹿人）

此乃古今名著價值同史記國策

北朝之書留存現在者不滿六部水經注即其一也此外魏收之魏書洛陽伽藍記北齊書等數種酈道元宣化府涿鹿縣人

此書乃分水經與注兩部份水經舊說為漢桑欽作為誤因(一)漢書地理志引用桑欽之言與水經原文不同(二)酈道元水經注亦引桑欽語曰地理志而不曰水經(三)酈氏之序原文無水經

為桑氏作之語

由上可証水經非漢桑欽所作當為三國時曹魏朝代人之作品因内有地名可証也如稱廣漢為廣魏不稱晋寧而稱魏寧再蜀有新立之漢嘉郡而水經不承認漢嘉郡（因尊魏統）又吳置一始安郡而用零陵郡

源流——此書作於北朝至唐初不甚注視如顏師古注漢書甚少引用章懷太子注後漢書亦甚少引用司馬貞為史記作索隱亦少引用唐杜佑作通典亦不重視此書至李善注文選引用之徐堅作初學記乃略引之歐陽詢作藝文類聚亦略引之至張守節作史記正義乃多引用（此唐尚未通行之証）

北宋初之樂史作太平寰宇記乃大引用水經注矣可知此在北宋時乃大盛行宋敏求作長安志亦引用之現此書缺五卷為三十五卷南宋王應麟胡三省對此大加引用然在當時即缺矣因崇文總目即三十五卷

太平寰宇記內引之水經注語為四十卷尚全之本由此可証北宋時為全本至南宋時則已不全此者後傳者欠五傳而後則改刻將三十卷分為四十卷此假數不足信此書有三種本

(一)原書四十卷(二)三十五卷本(三)改刻之四十卷(卷數偽)

元和志引用之水經注(為四十卷本)今已失佚因唐代無過

問復經五代十國之亂因致缺佚明時尤為人注意
萬曆時朱謀㙔箋校本名為四十卷實亦改本（今所見之本
以此最早）直至清時始有
四、全（祖望）校水經
三、趙（一清）校水經　趙成書於乾隆十九年
　　戴震　校水經
一、四庫本（聚珍本）
二、逸書本
（號碼為成書之先後言此書發表之先後）
全為清初明末人全氏校本有五校本七校本皆以朱本為

據趙氏晚於全氏二十餘年故可謂趙為全氏晚輩
戴為雍正時生人又比趙晚二十餘年
現四庫本水經注亦係戴校本因當時校此書尚未完即
被邀入四庫館故此完成於四庫館但未署戴名
乾嘉時趙戴互相攻擊為相襲一時成為學術上之大爭
辨光緒時全校本刻出大體與趙本相同(全氏校本有五校
本及七校本為稿本) 趙氏晚於全氏一輩戴氏為雍正時
生人又晚趙氏一輩今之四庫水經注為戴氏校本將永樂
大典本水經注收入之
四庫係武英殿聚珍本提要謂此書據大典本戴較全趙本

176

為佳後戴氏遺書刻出與四庫本同而不云據大典本只云為戴氏自校本後於乾隆五十一年趙一清之子在河南得見畢秋帆氏畢氏代為刻出其父之書其書與戴氏本完全相同趙戴互襲之問題生矣至光緒十四年寧波全祖望刻出而其内容又與趙氏本相同故又有全趙相襲問題之爭辨

按全趙二人友善相襲當無問題蓋趙氏用全氏之語皆注明而全氏用趙氏之言即未注出趙戴問題人多謂係戴襲趙本因趙氏校之水經注皆有出處而戴無之凡趙本之錯誤及未攷出者戴氏亦仍之由此可知戴襲趙也至四庫

本謂係據大典本而永樂大典本為四十卷(改後之四十卷本)然決非真四十卷也因太平寰宇記及輿地紀勝所引水經注有得地方大典亦無之由此可証明大典本亦改後之四十卷本然令之大典本尚存傅增湘氏代東方圖書館購得大典本四卷而高陽李宗侗氏亦有四本如此合之而成八本之完璧水經注也待將來涵芬樓影印後當能解決此迷也

A 經注混淆問題

B 注中有注問題

一、大小字問題

二、小字雙行問題

A項之水經與注不清

B項水經注中仍有注故有人云大字為原字小字為再注而又有人云小字雙行為注中之注也

四庫本水經注經頂格注低一格（注中注不能分明）

戴氏以注中注雙行列之

趙氏則經頂格注水者低一格因注水而涉及其他者又低一格

王先謙之水經注合校本價較廉可用之又有小本亦可用之

四部从刊本為十二小冊

内容——兼文學攷証之長當精讀之前人讀水經注，百人之中為讀其文章者百分之九十五真為其地理而讀之者則南朝人不重視北朝人之著作如昭明文選六十卷則無北朝人一篇文章而水經注則頗多引用南朝人之著作故此書引用至博而文章幽美頗為一貫使人讀之不覺其為引用他人之語也

讀水經注之法——水經注名為講水實則材料甚多吾等可先讀一次而再分類讀之新會陳氏讀此之分類法

地名　人名　第宅　祠廟　塚墓

書目　碑目　故事　歌謠　怪異

動物　植物

(9)☆

洛陽伽藍記　五卷　東魏　楊(羊)衒之

此書與水經注為姊妹作品此稍後於水經注亦為北朝名著之一　史通用(羊)字但隋書經籍志作楊衒之四庫本據隋志用楊衍之按以羊為對

此書作時在北魏遷鄴以後故楊氏之作為追記而成

此書計五卷第一卷為記城內　二卷記城外東城三卷記城外南城　四卷記城外西城五卷記城外北城

當時洛陽城門為十二東南皆三門西四門北二門四庫言北為三門實誤洛陽為九門尤誤洛陽城東西二十里南北十五里當時户有十萬九千餘户廟有一千三百六十七所遷都後

餘四百二十一所今伽藍記所言僅五十五所
卷一記有十大廟　三小廟
卷二記有八大廟　六小廟
卷三記有六大廟　九小廟
卷四記有四大廟　二小廟
卷五記有二大廟　附宋雲惠生使西域記
（其價值已成畫作品）
此書內容因在講伽藍而尚有言及其他者如祠廟宅第人名故事歌謠怪異書目皆有記載並有甚多魏書不見之材料並因當和尚遠來者甚多吾人從旁可知對外之情形此書文章

作法亦佳宜精讀

此書版本甚多現存者約十二三種本

版本問題——史通補注篇謂伽藍記內有子注但四庫謂今本

無注而注之佚失當甚久矣於此乃有綱目混淆問題——通

常本第一行頂格第二行即低一格以每一大寺院為單位故

有五十餘段至道光時浙江吳若準有校本頗著名吳氏之校

本將伽藍記每段分其綱目綱為頂格目為低格書前並用理

想繪洛陽圖一幅頗便閱讀末附集証（即校勘記）

此書價甚貴今之古書叢刊有此種影印本此書價值雖高

然亦有缺點蓋每段字數太多（四五千字）閱讀亦感困難

如後人能再劃分段落排列之則大為便利也

令之伽藍記版本——

漢魏叢書　二本

津逮秘書　五朝小說

古今逸史　學津討原

真意堂　如隱堂

龍舍精舍　玉簡齋

四部備要　古書从刊

(十二)地方志類

地方志風氣之盛不過因中外人士之提倡與注意然為期不過十餘年耳專為收藏方志者最早為上海徐家匯天主堂藏書樓其次即為美國國會圖收羅亦夥旋上海東方圖及北平圖（京師圖由禮部而来）此外日本近年收藏中國地方志亦復不少

方志書之優點

A 本地人記本地之事較為切實因所記載範圍較小故不至太誤

B 較為詳密細賦

方志之劣點

A某事根本謬誤因鄉人傳說而方志中往往引用之若伍子胥廟訛為伍紫鬚杜甫之廟本為杜拾遺(官名)廟而後人竟訛為杜十姨因之使伍杜二神像合為一起為夫婦之神像則荒唐之甚矣

B縣人記載官制亦多錯誤蓋多縣因人材少而由縣吏告成利用縣志之真細可補治正史之不足然縣志記載錯誤亦復不少故須加以限制而後可用志書之年號(如洪武雙志萬曆雙志等年號皆後人加入者)

縣志流傳至今者不下數千種最早之縣志流傳至今者為南宋中國正史直為政事故欲社會史事必求縣志至經濟

方面縣志内僅有田賦一門

(1)

嘉定赤城記　四十卷　南宋陳耆卿（台州叢書本）

嘉定二字乃後人加入四庫地理類著錄

内分十五門卷三十七有風土門多關台州風俗之叙述内

有李守謙戒事　魔詩十首（摩尼教）乃攻擊摩尼教之詩

於此可知當時該地摩尼教必甚盛行也

赤城志只可翻閱不必精讀

(2)

至順鎮江志　二十一卷　元俞希魯

四庫未收錄存目内無之在阮元揅經室外集有此書此書

作法較赤城志尤佳此書刻成未久元亡而版燬故流傳不

廣阮元之文選樓收得此書之抄本今存徐家匯天主堂藏
書處
道光時塩商包氏(鎮江)有刻本阮元有寄包氏詩内云古籍
待刊三十載舊聞新見一千年然包氏本亦不易見因洪楊
之亂鎮江首當其衝版本散失然最近民國十二年經鎮江
人陳慶年刻出故書易得矣
此書因載基督教于元末傳入鎮江俞氏記之甚詳約三四
卷之多故鎮江志已成世界性之參考書
鎮江有大興國寺(鎮江志卷九寺觀門有詳記載)名為普
通寺觀實則完全為天主教之建築物也建此廟時值 馬

哥索羅遊鎮江故馬氏遊記中記鎮江有一廟内有一大碑（此碑之價值與長安景教碑有同等價值）實則指大興國寺也鎮江志又有回教之記載亦甚詳此外又有户口之統計雖僅記鎮江一地然分類記之可知各類人之多寡矣（如和尚外國人……）

(3)

西湖遊覽志　二十四卷　志餘二十卷　明田汝成

四庫著録此書名雖遊覽志實則頗多南宋掌故材料甚丰可補宋史南宋部分之不足

此書不著出處但田氏所引之書今多不存故只可重視其書

此書内亦載天主教事然不詳内有真教寺即記回回教之事

也此書易得在武林掌故从編內此書

（4）長安志　二十卷　宋　宋敏求

四庫著錄關於唐代之長安史料此書於街巷之記載頗詳若巷內之人物廟宇等皆記入如研究景教碑當然叅考此書惟書中無景教字樣只有大秦寺即景教之寺觀也

經訓堂叢書本有此書本

（5）佛國記　一卷　姚秦釋德法顯（晉十六國時）

四庫著錄學津討原漢魏从書及普通从書內多有之

此又名法顯傳或法顯行傳商務有　佛遊天竺記攷釋亦係攷証該書

此書外文譯本甚多因外人於西伯利亞新疆等地探險風氣大盛故此類書得以盛行

佛國記只一卷不過千餘字。因文字之佳妙得以流傳至今。並為世界人士所重視借以攷察唐代交通事業

佛國記年號之記載有誤、故後人乃多攷証之。乾隆年間欽定西域圖志十九卷謂和闐（現改為于闐）自古以來即奉回回教。四庫據此謂佛國記言和闐有伽藍十餘所。僧徒數萬。四庫謂為誇大之言。實乃犯以今蓋古之病。殊不知回教之興乃在唐時。姚秦在唐前約二百年。四庫實誤。殊為可笑。

大唐西域記　十二卷　玄奘譯　辯機撰

四庫著錄十九世紀初年即法文譯本為世界著名之書中國多數叢書內有之此書記載印度情形頗詳因印度不重史事記載殊少而此書之關印度史料特多自有價值現普通流傳之大唐西域記本中間有五百十六字內言永樂三年鄭和下西洋事此為後人摻入四庫言有三百七十字為後人加入誤

高麗出之西域記本較今傳本正確

五天竺國傳　唐釋　慧超　唐開元年間

此書無傳本宋元此書不存光緒年間燉煌石室發現寫本惟首尾皆殘缺今原書存巴黎羅振玉之燉煌遺書及日本佛教會皆有此書日本佛教全書內有藤田豐八之五天竺國傳箋

釋（五國請之日本老師）用漢文作作法甚佳已變成世界作品

此書關於中央亞細亞及與中國之交通材料大食國即阿拉伯為回教國當時與中國往來之繁盛於此書中多所記載

四庫未著錄

(8)

長春真人西遊記　二卷　李志常

長春真人即丘處機白雲觀之祖師為道教祖師乃五之弟子

金人九十餘歲沒於元朝元太祖成吉斯汗

聞其名召之隨軍曾到西域中央亞細亞等地此地乃其弟子

李志常隨丘去西方歸後所記關於去西域之道路政治風俗

情形大所記載文詞幽美此書至明無大聲價乾隆時在蘇州元妙觀尋出此書連筠簃遺書内有之此書文法頗通順非似西域記等書之由外國文譯出詞句之難解也

四庫未著錄

(9)

耶律楚材西遊記

四庫未著錄耶律楚材為元太祖之中書令與丘為同時不過丘為老輩然以地位論楚材為高以當時之名氣論則丘處機為高也當時真人到西域時楚材隨軍故亦得見面並各以詩贈之俟自西域返二人感情漸惡蓋丘真人為道教勢力頗大且其弟子譭謗佛教甚至强佔佛寺為已有種種不法令人

194

民國十一年張相文撰西游錄今注亦只據盛如梓本

側目而楚材信佛教。為北京磚塔寺之主持万松老人之弟子。是因信仰之不同異端生焉楚材此書多攻擊道教之語

此書不易尋求元末（知不足齋叢書內）有盛如梓所作之庶齋老學叢談內有此書光緒年間國人對西北多加注意故此書價值日增並由庶齋老學叢談得見刪本

粵人李文田於聚學軒叢書有西遊記注（據庶齋本）民國十五年日本神喜一郎於宮內省圖見楚材西遊記之抄本乃照原刻本而抄者內容較庶齋本多一半（元時日本僧人到華見楚材書之刻本抄而携之東歸）庶齋本將西遊記中國於攻擊道家之處刪去僅餘關於地理者

宗教史（佛道）重要史料

耶律楚材之子耶律鑄認為其父西遊記對道家攻擊恐引起糾紛實亦無意識之舉動乃將燬版書亦收回因之外間求此不易（此新會陳垣之新見解）

此書與至元辨偽錄皆載攻擊道教之文字吾人如二書併得則對當時佛道之爭全盤托出明如指掌明萬曆時張翼作清賞編內引楚材西遊記之語

本所見足本相同而與庶齋老學从談之本不全同可知在萬曆時尚可見原本

耶律楚材湛然居士集有和人韻攷即和丘處機之詩也

（10）

劉郁西使記　元時人

196

四庫傳記類著錄劉郁隨元朝某大員使西域而作劉郁非真定人四庫云為真定人實誤（因當時尚有一劉郁元史世祖紀見之）此劉郁實乃山西渾源人曾撰歸潛志知不足齋叢書內有乃劉祁之弟也四部叢刊內有佳本即王惲秋澗集集內之玉堂嘉話有此書

王惲為渾源人有劉氏墓誌銘謂劉郁為渾源人故可証劉郁之籍貫也

丁謙作西域記之攷証現已傳亦言劉郁為河北真定人為誤。此書記西域之地理無述宗教之材料又可知當時去西域之道路。

以上三書皆遊記體裁

(11)
島夷志略　元汪大淵

四庫地理類著錄專述南洋各島國之事物作法乃按圖記述非遊記體此書本不甚佳但專述此種事物者缺故此書之價值因之日高

知服齋从書内有李文田沈曾植校注本頗佳後日本人藤田丰八注出較李沈二氏所校注本為尤佳在羅振玉之雪堂从刻内有之

(12)
陳誠使西域記　明永樂時

四庫傳記類存目内有

陳誠於永樂間出使西域關於新疆東部哈密吐魯蕃等地在永樂間仍為信佛教區可於此書中尋得該項記載同時可知回教之輸入新疆。定在永樂以後。

學海類編內有陳誠使西域記

(13)☆

瀛涯勝覽　一卷　明　馬觀或馬歡

四庫地理類存目中有馬氏為隨鄭和去西洋之人員此書為載南洋印度洋地理之重要參考書。廣州中山大學刊此本紀錄彙編內亦有此本。（較佳）

星槎勝覽　一卷　費信

此與瀛涯勝覽實為一書馬書文章欠佳費氏删改馬書而成

文章雖佳而材料則較少矣四庫存目內無此書學海類編內有此書較馬哥勃羅遊記較早百餘年此等書近日頗被重視

海國聞見錄　二卷　陳倫烱

四庫著錄陳氏為雍正時閩人曾任總兵關於沿海一帶之島嶼地方狀況多記述之並附中國沿海形勢圖一幅記載頗詳

藝海珠塵　內有此書

光緒三十四年日本商人西澤佔廣東沙島島在粵東惠來海丰二縣之間當時清政府與之抗爭令南洋大臣撤查東沙島為中國屬島之証據時有儒者陳慶年為端方幕府在海國聞

見錄内見有東沙島之記載。據此乃與日人交涉日人無法拖賴乃將東沙島復還中國。嘉慶年英人約翰之海島圖説亦記此島然較陳倫炯之書尚晚六十餘年

（十三）目錄類

（1）漢書藝文志　一卷　漢書三十卷

此為今最要之目錄學書内容包括甚廣叙論最佳此書須精讀背誦較洛陽伽藍記尤為重要

内容組織——按劉向之别錄及劉歆之七略皆不可見除劉氏父子外此書為最早者别錄者即讀一書作一批評也劉歆

以其父之別錄分為七類是為七略漢志即一概以七略作成或曰漢志即七略七略雖不可見吾人仍可於漢志中窺其一二唯漢志僅六略耳乃缺之一略即七略中之總論而漢志以其總論分置於各序論

六略共有三十八段加叙論等共為四十五段皆當背誦

(2) 隋書經籍志

四卷即隋書內之三十二、三十三、三十四、三十五卷

此分經史子集道佛六類

此書當精讀其各序尤當背誦

五代史記共有二種(梁陳北齊周隋)即隋書及歐陽修之五

代史隋書經籍志

經史子集佛道各部之下有叙論一篇計四十五篇每篇短者百餘字長者三四百字須背誦於周末以來學術上之演變總論較漢志尤佳隋志總論道教及佛教之序論三篇為尤重要四川有單本

此書據梁之任昉殷鈞之四庫目錄除唐初所無者此隋志之作法也

梁阮孝緒有七錄為私家所有之目錄隋書經籍志所謂梁有書目者乃梁朝所有非阮氏所私有之目書也

(3) 阮孝緒七錄序　梁阮孝緒

此可精讀內容分七類內容有佛法錄仙道錄二種為漢志所無此書今亡而序存於廣弘明集中(佛教書)弘明集專述非佛教信徒而贊揚佛教之文章故集而成因阮氏文揚佛教故集入之當較七錄以前者尚有七志因七志為宋齊梁陳者而七錄為梁者故述七錄也其序須背誦可與隋志總論者較之

(4)

舊唐書經籍志

即舊唐書四十六　四十七卷

作法乃據古今書錄(毋煚作為唐天寶時作止於開元)而成而舊唐書亦止於開元可見為全抄之天寶以後之書則散見於各列傳內惟古今書錄每類下之叙論舊志皆刪除之而

有總論一篇係據毋氏之總序頗可一讀

(5)新唐書藝文志　四卷

即新唐書五十七　五十八　五十九　六十

以舊唐志為底本而補天寶以後書目乃據舊書各列傳中附列書目集入新志中此可由自　以不著錄証明之

此書作法不佳因歐陽等喜用新法所有經史子集各部完全以人名在前著作在後（據集部之排列而改）此則混亂不清之病生矣

中國史學名著評論（釋文）第一學期〔一〕

評論史書之數點

一、史料之來源；〔二〕
二、編纂之方法；
三、參考要籍；
四、版本之講求；
五、本書之用途；
六、閱讀之方法。

〔一〕「第一學期」，鈔本原無，據傳記類前注明「第二學期」，故於課程開始處補。
〔二〕按：鈔本原標題編號較爲混亂，或用（一）、（二）……，或用一、二……，或用甲、乙……；整理本據出版規則，統一作：一級標題一、二……，二級標題（一）、（二）……，不再出校勘記説明。

文津閣本二十四史頁數年數表

	大小次序〔一〕	頁數〔二〕	年數〔三〕
史記	一二	三二一〇	二三九一
漢書	七	三九一四	二二九
後漢書	一一	三一一三〔四〕	一九八
三國志	一七	一八〇二	六〇
晉書	六	三九三〇	一五五
宋書	一三	二八七一	五九
齊書	一九	一一二八	二三
梁書〔五〕	二一	一〇〇〇	五五
陳書	二四	五六八〔六〕	三三
魏書	九	三五〇四	一七二
北齊書〔七〕	二三	七六二	二八
周書	二二	九〇四	二五
隋書	一五	二三〇一	三七
南史	一六	二二五四〔八〕	一七〇
北史	八	三六三三	二八一〔九〕
舊唐書	四	六五四二	二九〇
新唐書	三	六六九七	二九〇
舊五代史	一四	二三四六	五二
新五代史	二〇	一〇〇二	五二
宋史	一	一四〇四四	三二〇〔十〕
遼史	一八	一四五一	二九六
金史	一〇	三二七三	一一九
元史	五	五五四七	一六三
明史	二	九八八二	二七六
通鑑〔十一〕		一〇八九〇	
長編〔十二〕		一四四九九	
要録〔十三〕		五一三八	二〇〇
御批輯覽〔十四〕		七四一三	一二〇
紀事本末〔十五〕		五四〇七	
會編〔十六〕		三六八九	二五〇

〔一〕「大小次序」，鈔本原無，據墨筆校訂補。次序，是指據各史頁數的多寡排定的次序。
〔二〕「頁數」，鈔本原無，據墨筆校訂補。
〔三〕「年數」，鈔本原無，據墨筆校訂補。
〔四〕「三一一三」，鈔本原作「三二一三」，據墨筆校訂改。據改定頁數，則《後漢書》次序應爲十二，排在《史記》之後。
〔五〕「梁書」，鈔本原排在「魏書」之後，據永瑢等《四庫全書總目》卷四五史部正史類調整位序，中華書局一九六五年影印版，版本下同，不再注明。
〔六〕「北齊書」，鈔本原排在「周書」之後，據永瑢等《四庫全書總目》卷四五史部正史類調整位序。
〔七〕「五六八」，鈔本原作「五六六」，據墨筆校訂改。
〔八〕「二二五四」，鈔本原作「二三五四」，據墨筆校訂改。
〔九〕「二八一」，鈔本上有墨筆眉批：「登國元年起只二三二年。」
〔十〕「三二〇」，鈔本原作「九二〇」，據墨筆校訂改。
〔十一〕「通鑑」行，鈔本原無，據墨筆校訂補。指司馬光《資治通鑑》。
〔十二〕「長編」行，鈔本原無，據墨筆校訂補。指李燾《續資治通鑑長編》。
〔十三〕「要録」行，鈔本原無，據墨筆校訂補。指李心傳《建炎以來繫年要録》。
〔十四〕「御批輯覽」行，鈔本原無，據墨筆校訂補。指乾隆《御批通鑑輯覽》。
〔十五〕「紀事本末」行，鈔本原無，據墨筆校訂補。指袁樞《通鑑紀事本末》。
〔十六〕「會編」行，鈔本原無，據墨筆校訂補。指徐夢莘《三朝北盟會編》。

正史類〔一〕

《史記》　一百三十卷　司馬遷

一、《史記》史料之來源

據班固言：

（一）採自左氏《國語》《世本》《戰國策》《楚漢春秋》。案：左氏《國語》即左氏所作《國語》，非《左傳》與《國語》也。《左傳》在司馬氏作書時尚未見。《世本》今失傳。《楚漢春秋》今存，文甚簡。

（二）尚存傳説口述者，司馬遷聞之而述於史者。此類司馬氏有時説明，有時未注明，〔二〕故吾人不能皆清晰及之。

（三）得之當時檔案。《史記》五十四卷《曹參傳》所云下若干城、殺若干人，又九十五卷《樊噲傳》所云斬首若干人，〔三〕九十六卷所云殺若干人等，則知必本於當時之册籍也。

關於史料來源之第一類者，有宋人所作《遷史删改古書異辭》十二卷（倪思），〔四〕《文獻通考·經籍考》中載之，今已不傳。是書以漢代書籍之存於宋時而與《史記》文辭有異者，比較以證明之。其批評《史記》來源者有三法。清人亦有此類，未記史料之來源也。

第三類册籍之考察，亦可用第一類方法得之。

第二類傳説，須時自考得爲古代傳説，至今頗不易考定，故周前史事殊難信之也。

〔一〕按：鈔本類目上有墨筆編號（一）、（二）等，書名上有硃筆編號（1）、（2）等，因非聽講筆記原有内容，而是校勘者所加，且或有闕漏及不妥之處，故整理本不擬收録。

〔二〕「注」，鈔本原作「著」，據硃筆校訂改。按：鈔本有校勘者所加硃筆與墨筆校訂，整理本凡據校訂删、補、改、乙之處，均出校勘記説明；少數不妥之處，則遵依鈔本原稿，亦不再出校勘記。

〔三〕「噲」，鈔本原作「檜」，據司馬遷《史記》卷九五《樊噲傳》改，中華書局一九五九年點校版。

〔四〕「史」「辭」，鈔本原作「書」「詞」，據馬端臨《文獻通考》卷二百《經籍考》改，中華書局二〇一一年點校版。

《史記·周本紀》尚可信，多源於古書。是篇以文體論，若分爲三體者：幽王前則文字古奧；平王以前則文字簡單，蓋本之《春秋》；威烈王以前則本之《國策》也。又《伯夷傳》則類於集句體，以當時史源極缺乏之故。又如太公之名、劉媪之姓，則皆不可考也。

二、編纂之體例

本紀——編年；〔一〕

表——旁行斜上；〔二〕

書——分類之記載；

世家——編年分代；

列傳——以人之始末記載之。

本紀之體非創於司馬氏。一百二十三卷《大宛傳》有云，余讀《禹本紀》之言，則非創於司馬氏也。

表者，蓋本於周世之譜牒。

書之一體，蓋自創之分門研究也。

世家一體，則司馬氏所創。

以前雖有傳之名，而用以記一人事實者，則遷始也。

以上五體，後世皆沿用之，如書之改志，世家之改載記，皆名異而實同。

三、文章之得失

金王若虛《滹南遺老集》有《史記辨惑》，〔三〕則專論《史記》者也：

〔一〕「紀」，鈔本原作「記」，據硃筆校訂改。

〔二〕「斜」，鈔本原作「敘」，據吴則虞《桓譚新論新輯本》卷十一《離事篇》改，中華書局二〇〇九年點校版。

〔三〕「金」，鈔本原無，據硃筆校訂補。

（一）採摭之誤二卷——論史料。

（二）取捨不當——主觀。

（三）議論不當——主觀。

（四）文勢不相承接〔一〕——版本之脱佚；古書文字之故。

（五）姓名冗複。同《史通·點煩》。

（六）字語重複。

（七）重疊載事——或有意，或脱簡。

（八）疑誤。

（九）《史記》用「而」字多不妥，用「於是」「乃」「遂」等字多不當。

（十）雜辨。

宋代有吴縝者，作《新唐書糾謬》，〔二〕王若虚即用吴縝之法以評《史記》。〔三〕《史通》中有《點煩》一篇，即與王先生所言之五、六條相同，亦即由此所來也。

四、版本之異同

史學界於版本之學初不甚注意，近十餘年來，學者頗注意及之。《史記》最初之版本爲竹簡，但漢初亦有縑帛。然竹簡名篇，帛曰卷。考《漢書·藝文志》云「《太史公》百三十篇」，《漢志》篇、卷並用，則知《史記》最初爲竹簡也。然亦無《史記》之名，蓋自云《太史公》，或《太史公書》也。荀悦《漢紀》亦曰《太史公》而不曰《史記》。其後漸用縑帛爲卷而成本册，此後則漸分寫本及刻本也。

〔一〕「勢」，鈔本原作「藝」，據硃筆校訂改。

〔二〕「謬」，鈔本原作「誤」，據永瑢等《四庫全書總目》卷四十六史部正史類二《新唐書糾謬提要》改。

〔三〕「以」，鈔本原作「宋」，據硃筆校訂改。

最初《史記》則僅爲《史記》，自三注《史記》出，而與原書版本略異矣。是書始於明之監本。

裴駰《集解》。駰爲松之之子，集前人之説而成《集解》。是書關於漢以前一部，引用注《史記》之説；關於武帝以後一部，則又兼用注論《漢書》之説。《集解》原書今不得見。原書爲八十卷，今則散插於《史記》之内。

考證《史記》之書，自唐至明家數甚多，至於清之考證《史記》者益多，而亦甚合於科學之方法，約其類有三：〔一〕

（一）專論《史記》者——如《史記志疑》是也。

（二）兼論他史者——如《二十二史劄記》《二十二史考異》。〔二〕

（三）兼論他書者——《讀書雜誌》。

綜上之論，則今日治《史記》須兼採諸書，其説相同者，取其先説；其有異者，則兼附之。〔三〕類於此者，有《史記會注考證》，瀧川龜太郎作。〔四〕是書内容所會之注尚不甚多，〔五〕而所考證則僅某清人考證之説而已。

司馬貞《索隱》不僅注釋，而尚批評。〔六〕

編年類

《通鑑》二百九十四卷 紀事一千三百六十二年，〔七〕司馬光作，十九年始成書。

梁武帝時作《通史》，其書今不可見，惟其書絶異正史之别表、志、列傳也，而亦與《通鑑》之體不同。今存《漢紀》及《後

〔一〕「類」下，鈔本原有「有别」二字，據硃筆校訂删。

〔二〕「劄」，鈔本原無，據硃筆校訂補。

〔三〕「附」，鈔本原作「副」，整理者校改。按：鈔本或有文字訛誤，凡經整理者校改之處，均出校勘記説明。

〔四〕「瀧」，鈔本原作「隴」，據《來新夏聽講筆記》改，載陳垣著、陳智超編《中國史學名著評論》，商務印書館二〇一四年版，第七〇頁，版本下同，不再注明。

〔五〕「是」上，鈔本原有「而」字，據硃筆校訂删。

〔六〕鈔本此句上有硃筆眉批：「此後疑有脱簡。」按：鈔本有校勘者所加硃筆與墨筆眉批，整理本均録入校勘記中。

〔七〕「六十二」，鈔本原作「二十四」，據陳垣《中國史學名著評論講稿》《來新夏聽講筆記》改，載陳垣著、陳智超編《中國史學名著評論》第一七、一四四頁。

漢紀》，其體雖爲編年，而不若通史也。

《通鑑》起於三家分晉，續《春秋》也。〔一〕

一、史料之來源

《通鑑》之史料固不可知，而據《考異》觀之，可得其略。惟其關於事之同者則未説明，而於相異者則説明其所以如是採取之故，雖亦合於近世科學方法，而未注明究出於何書，今日視之仍爲缺點也。惟吾人可於其《考異》中，於其相異之書集而出之，或可得之也。考《四庫提要》引高似孫《緯略》所云，爲三百二十二家，〔二〕近人之考求，則爲二百七十餘家，而於此諸家中，爲今日所不見到者已大半矣。

至《通鑑》大部史料，則不外十七史本紀也。明末清初時，有嚴衍者作《通鑑補》幾三十年。是書之法，則據《通鑑》於十七史原文之點以注明之也。治《通鑑》之史料來源，可以此爲借鏡也。〔三〕

二、編纂之體例

《通鑑》之體，若以本紀之放大，某年之事附之某年，某月者附之某月；其知年不知月者，附之某年之末；其並不知年者，則考求之以附於某年之末。〔四〕故此類中，温公亦不免有誤。

温公於《通鑑》之中，則用統一年號，但史事歷代帝王一年之中常有數易年號者，而温公僅用其最末之年號，以爲作者之便，而於歷史之真跡則異矣。夫史之要義，貴於求真。今温公爲此，故誤矣。〔五〕

温公紀年不用甲子，以甲子所以紀日，非所以紀年者也。其理論至佳，於事實則頗不便，而用歲陽歲陰名也。〔六〕此亦温公書

〔一〕「也」下，鈔本原有「十九年乃成」五字，據硃筆校訂删。

〔二〕「二十二」，鈔本原作「二十四」，據永瑢等《四庫全書總目》卷四十七史部編年類《資治通鑑提要》改。

〔三〕鈔本此段上有硃筆眉批：「《通鑑補》可爲治考《通鑑》史料來源。」

〔四〕「求」字下，鈔本原第六、七頁顛倒錯頁，據硃筆及墨筆校訂调正文序。按：鈔本原有四處錯頁、錯簡情況，整理本據鈔本校訂提示調正文序，並出校勘記説明。

〔五〕鈔本此段上有硃筆眉批：「缺點。」

〔六〕「陰」字，鈔本原無，據硃筆校訂補。

之缺點。〔一〕

《通鑑補》〔二〕

《通鑑補》，明末嘉定人嚴衍作，用時三十餘年，即補《通鑑》之不足，着手於《通鑑》史料來源之考求也。但其所研究而行補述者，僅限於十七史，於十七史以外之《通鑑》史料，則未考及，亦美中不足也。雖然未至於盡善，但吾人因之，可知温公剪裁史料之方法。換言之，即可觀《通鑑》之原稿，其功亦大矣。

《通鑑補》所補《通鑑》之材料：

一、存殘統——如後漢獻帝非到實亡之月日，另换年號。不可因温公書，凡帝王一年中改年號者，即前半根本取消，而以全年用爲改後之年號。如宣統三年，按温公書則爲二年，但按《通鑑補》，則宣統三年十月十日前仍爲宣統三年，自十月十日後始爲民國元年也。此即所謂存殘統。

二、補僭主之名——温公書成於帝政時代，以資治爲名，故其除將晉時所有與晉同等國國主之名述明外，其他各代外國，有傳一代甚至傳數代者，温公書亦對其國主之名概未書明。如後魏雖傳數代，而温公則反後魏主如何如何，吾人觀之，則莫名其妙矣。《通鑑補》則將其漏者補之。

三、補年號。

四、補文章——有主觀。〔三〕

五、補名賢之卒。〔四〕

六、補隱逸——因温公僅爲資治而作，對隱逸則或有或無。

〔一〕鈔本此段上有硃筆眉批：「缺點。」

〔二〕鈔本書名上有硃筆眉批：「參考要籍。」

〔三〕「補」，鈔本原無，整理者校補。

〔四〕「補」，鈔本原無，整理者校補。

七、補賢媛——因除皇后外，在《通鑑》女人甚難見到。

八、補藝術——《通鑑》無之。

九、補二氏——即和尚、道士，亦曰釋、道。

十、補災異——《通鑑》無之。劉羲叟（温公之助手，當時之天文家。）僅於《通鑑目録》上書天文，《通鑑》本書則無。

嚴氏據正史之《五行志》補災異。

十一、〔一〕補史斷——因温公史事之末率加論斷，〔二〕有價值者有之，無價值者亦有之。嚴氏以温公之不足補之。

十二、〔三〕補注解〔四〕——《通鑑》本有宋末人胡三省注，但彼專長地理，嚴氏則補《通鑑注》之不足，〔五〕或胡氏之誤者。

《通鑑補》所補者，因僅據十七史，固爲遺憾，但吾人可於此失敗之中，另獲意外之收穫。蓋可於《通鑑補》，知何者爲《通鑑》採自正史之材料，非爲正史所有者，則多爲温公可見而現亡之史書記載。（因温公書係據二三百餘種書而成。）〔六〕

《通鑑》編纂之得失：

談允厚者，〔七〕嚴衍之門生也，助嚴氏作《通鑑補》，在其序述《通鑑》有七病：〔八〕

一、漏——主觀的。

二、複——客觀的。

三、紊——亂也。

〔一〕「十一」，鈔本原作「一一」，整理者校改。

〔二〕「率」下，鈔本原有「皆」字，整理者校删。

〔三〕「十二」，鈔本原作「一二」，整理者校改。

〔四〕「補」，鈔本原無，整理者校補。

〔五〕「注」，鈔本原無，整理者校補。

〔六〕自「《通鑑補》所補《通鑑》之材料」至「據二三百餘種書而成」，鈔本原錯至《稽古録》内容之下，據硃筆校訂調正文序。

〔七〕「允」，鈔本原作「光」，據墨筆校訂改。

〔八〕「病」，鈔本原作「弊」，據墨筆校訂改。

四、雜——但嚴僅據十七史，而温公於正史外據書又有二百餘種，〔一〕温公見而嚴氏時佚亡者甚多，而嚴竟曰温公書爲雜，非是也。

五、誤——時代之關係，不得不然耳。

六、執——即云温公太固執也。但史家因考究之結果而存執意，亦自有善在。

七、誣。

《通鑑考異》 三十卷〔二〕

《通鑑考異》即温公作《通鑑》之副産品也。史料同者固無問題，但一事而各書之説異者，加以考證也。嚴、談諸氏對之不甚注意，故十七史外之史料，未行溯本求源也。

（温公之書雖曰《資治通鑑》，專言政治，計作帝王之借鏡。吾人可用其編纂方法，换一新眼光，作一《資治通鑑》，專言經濟、社會者，唯史料之搜集，助手之學識，作時間之長短，自非有相當之注意準備不可下手也。）〔三〕

《通鑑目録》 三十卷〔四〕

温公作《通鑑》時，作一《通鑑考異》，畢後，作《通鑑目録》三十卷，亦《通鑑》之提要也。以年爲準，下注事目，又可作爲《通鑑》之索引。吾人倘因時缺，觀之可知《通鑑》之約略。

《通鑑目録》之缺點：

一、不用甲子。

二、年號不確——因凡作一年表，如時短年少，同在一頁，可書一次年號，即可直書某年某年也。但時長年數多至數頁時，則當於每年之上冠以年號，或將年號書之每頁邊上。而温公《目録》則不然，故觀之不甚方便。

〔一〕「據書又有二百餘種」，鈔本原作「又據有二百餘種書之多」，據墨筆校訂改。

〔二〕「三十卷」，鈔本原無，據硃筆校訂補。

〔三〕鈔本此段上有硃筆眉批：「可仿《通鑑》另作他書。」

〔四〕「三十卷」，鈔本原無，據硃筆校訂補。

（現有《歷代帝王年表》，係據《通鑑目録》加以改良，甚佳。）

《稽古録》

《稽古録》二十卷，亦爲温公作《通鑑》之副産品也。《通鑑目録》僅有事目而不貫穿，《稽古録》則自上古至温公本身，〔一〕即北宋英宗四年，〔二〕全仿《史記》之方法。其用處即爲《通鑑》之簡本，《通鑑目録》僅供檢查，但此則可供閲讀。因之吾人考察《通鑑》時用《考異》，温習時用《通鑑目録》，簡讀時用《稽古録》。〔三〕

《續資治通鑑長編》

《續資治通鑑長編》，李燾作，五百二十卷。李氏爲南宋人。近本非原本，乃清時在《永樂大典》内輯出。（現由浙江書局刻出。）作法同《通鑑》，但《通鑑》至五代，而李氏則至北宋末止，敘事約一百六十八年。〔四〕（所謂《長編》者，客氣語也。《通鑑》未成前，亦曰《通鑑長編》，亦《通鑑》稿也。李氏云《長編》者，蓋李氏自未敢云爲定本之意也。李爲南宋第一流史學家。）其材料爲以政府之檔案及宋各朝之實録爲基礎，參以宋人各家之書。作四十餘年。事同而材異者，亦作《考異》附本條之下，諸説共陳，後以自見作斷語。〔五〕

此書其材料因在《宋史》之外，故吾人用宋史之材料時，當以《續資治通鑑長編》爲佳。

《皇宋通鑑長編紀事本末》　一百五十卷　楊仲良作

此即將李燾之書以事爲主，按年月以《通鑑長編》之原文述之。（按：紀事本末體爲宋袁樞創。）

〔一〕「稽」上，鈔本原有「而」字，據硃筆校訂删。
〔二〕「即」，鈔本原作「及」，整理者校改。
〔三〕鈔本此段上有硃筆眉批：「讀法。」
〔四〕「六」，鈔本原作「八」，據墨筆校訂改。
〔五〕鈔本此段上有硃筆眉批：「作學問方法。」

此書未知確爲何人作。清道光間始進呈，阮元《揅經室外集》之《四庫全書未收書目提要》談及此書。前故宫有《宛委别藏》，即爲阮元所呈之《未收書目提要》而設也。《宋史·藝文志》、晁公武之《郡齋讀書志》、〔一〕陳振孫之《直齋書録解題》、《文獻通考》之《經籍考》俱未載此書。至清有藏書家季振宜、徐乾學藏此書之抄本，未知孰作。陳均《九朝編年備要》引過此書，云爲楊仲良作。但究爲孰作，不可考。

李燾書爲原料，但此書觀之較便，可用爲工具，蓋多《宋史》以外之材料也。

徐謙《資治通鑑後編》，即爲根據此項材料。

《續資治通鑑長編拾補》 六十卷 黄以周 光緒時浙人

李燾書至北宋靖康之末，〔二〕現存者僅至宋英宗末，僅一百零八卷。黄氏書即補自英宗四年後，至靖康末之事。楊仲良爲將李氏書改體而成。楊書雖中間少缺，而北宋末年之部不缺。清朱彝尊見徐所藏李氏及楊氏書，云其材同，不過體裁異耳。並云：可以楊氏書之後半，補現李氏所缺之後半；而楊氏中間所缺，亦可以李氏者補之。如是，則二書俱全矣。特朱氏言而未作。至清，黄氏知之深，始爲其言作《續資治通鑑長編拾補》，以補徽、欽二宗事。雖不可與李氏書十分相同，但亦得其概略耳。故黄氏之材料，即由楊氏書中得來，特又變其體裁耳。

（注意：楊氏中缺者，亦可按其體目，自李書補之。但此尚未有人作。吾人有時，或於畢業論文時述成之，亦甚善耳。其名可曰《皇宋通鑑長編補》。）〔三〕

《建炎以來繫年要録》 二百卷 李心傳（四川人，與李燾並稱二李，〔四〕爲宋史界之巨子。）

此書雖曰《建炎以來繫年要録》，實即續李燾之書，自靖康末起以編，體同李燾作法。

〔一〕「志」，鈔本原作「記」，據永瑢等《四庫全書總目》卷八五史部目録類一《郡齋讀書志提要》改。

〔二〕「北」，鈔本原作「此」，據墨筆校訂改。

〔三〕鈔本此句上有硃筆眉批：「應名《皇宋通鑑（續資治通鑑）長編紀事本末補》。」

〔四〕「並」上，鈔本原有「同」字，據墨筆校訂删。

材料以政府之檔案爲主，參以各家之野史、文集、碑銘、家志等。一事而説異者，經考定後採一説法，復以他説加注文中。《書目答問》云未有刻本，但後廣雅刻書乃刻行之。《四庫》有著録。現《四庫》本及廣雅本，皆由《永樂大典》輯出。

此書重要之點，爲其史料多爲元代修《宋史》所不知者，故可與《宋史》相平，在未發現新出土之史料時，此當爲第一等材料。

《建炎以來朝野雜記》　四十卷　李心傳

此書乃李氏繼《要録》而作。《四庫》入政書，《書目答問》入雜史類。〔一〕此書有傳本甚多，如武英殿本、四川《函海》本、《適園叢書》本等。〔二〕非編年體，非本末體。此書偏於典章制度，作同會要，略同各史中之志書體裁。治南宋制度，非取材於此不可。其分類計：上德、郊廟、典禮、制作、朝事、時事、故事、雜事、官制、取士、財賦、兵馬、邊防十三門，每門之中復有若干之種類。其分類病於太碎。

《舊聞證誤》　四卷（共一本）　李心傳

此書不全，現存爲後輯者，從《永樂大典》輯出，〔三〕才得一百四十餘條，分爲四卷。據《宋史·藝文志》云，有十五卷。作法最科學。所謂舊聞者，專述北宋事而言也。將北宋史事之各家多矛盾者，及李燾未收入者，首將各説書之前列，而以自己之考證加以論斷。此書文章佳辨，證法精當，宜精讀之。〔四〕

此書有《函海》本、《榕園叢書》本，而以《藕香零拾》本最佳。《書目答問》置於史評，誤，因其關乎考證也。〔五〕

《道命録》　十卷（共三本）　李心傳　《知不足齋叢書》本

比較《舊聞證誤》尤佳，而《四庫》未收之，〔六〕而《四庫》入於存目傳記類中。因乾隆帝不贊成，蓋緣其中多載反程朱之書。

〔一〕鈔本此句上有硃筆眉批：「《書目答問》入雜史類。」

〔二〕「適」，鈔本原作「榕」，據《中國叢書綜録·總目》《適園叢書》著録改，上海古籍出版社一九八六年版，版本下同，不再注明。

〔三〕「從《永樂大典》輯出」，鈔本原無，據硃筆校訂補。

〔四〕「宜」，鈔本原無，據硃筆校訂補。

〔五〕鈔本此句上有硃筆眉批：「《書目答問》誤。」按：李心傳《舊聞證誤》四卷，《四庫全書總目》亦著録於卷八八史部史評類。

〔六〕「收」，鈔本原作「搜」，整理者校改。

其所以名《道命録》者，蓋因孔子之言。〔一〕「《道命録》者，秀巖李公所編也。命名之義，取諸《論語》，蓋有感於吾道廢興之由。子曰『天之未喪斯文也』，學者又當思君子不謂命之意。申區區管窺蠡測如此，願與朋友講明之……。」（見《道命録序》）

……自伊川之被薦而入經筵，逮今百四十年矣。愚不佞，蓋嘗網羅中天以來放失舊聞，編年著録，次第送官，〔二〕因得竊考道學之興廢，〔三〕乃天下安危、國家隆替之所關繫，未嘗不歎息痛恨於惇、京、檜、侂之際也。程子曰：「周公殁，聖人之道不行；孟軻死，聖人之學不傳。」夫道即學，學即道，而程子異言之，何也？蓋行義已達其道者，聖賢在上者之事也；學以致其道者，聖賢在下者之事也。舍道則非學，舍學則非道。故學道愛人，聖師以爲訓；倡明道學，先賢以自任：未嘗歧爲二焉。自數十年，不幸憸邪讒諂小人，立爲道學之目以廢君子。而號爲君子之徒者，〔四〕亦未嘗深知所謂道、所謂學也，則往往從而自諱之，可不歎哉！子曰：「道之將行也，與，命也；道之將廢也，與，命也。」故今參取百四十年之間道學興廢之故，〔五〕萃爲一書，謂之《道命録》。蓋以爲天下安危、國家隆替之所關繫者，〔六〕天實爲之，而非惇、京、檜、侂之徒所能與也。雖然，抑又有感者。元祐道學之興廢，繫乎司馬温公之存亡；〔七〕紹興道學之興廢，繫乎趙忠簡之用舍；慶元道學之興廢，繫乎趙忠定之去留。彼一時也，聖賢之道學，其爲厄已甚矣！而義理之在人心者，訖不可得而泯也。孟子曰：「聖人之于天道也，命也，〔八〕有性焉，君子不謂命也。」故由孔子之言，則有天下國家者可以知

〔一〕「言」，鈔本原無，整理者校補。
〔二〕「送」，鈔本原作「還」，據李心傳《道命録序》改，《續修四庫全書》影印北京大學圖書館藏清影元鈔本，上海古籍出版社出版，版本下同，不再注明。
〔三〕「竊」，鈔本原無，據李心傳《道命録序》補。
〔四〕「子」，鈔本原無，據李心傳《道命録序》補。
〔五〕「參取」，鈔本原作「三」，據李心傳《道命録序》改。
〔六〕「之」，鈔本原無，據李心傳《道命録序》補。
〔七〕「温公」，李心傳《道命録序》作「文正」。
〔八〕「命也」，鈔本原無，據李心傳《道命録序》補。

所戒；由孟子之言，則修身守道者可以知所任。至若近世諸公，或先附後畔，或始疑終信。視其所以，則先附後畔，〔一〕皆出於一時利害之私；而始疑終信，則由夫動心忍性、增益其所不能而致此也。又有或出或入之士，義利交戰於中，而卒之依違俯仰以求媚於世，〔二〕蓋所謂焉能爲有、焉能爲亡者。必也見善明、〔三〕用心剛而卓然不惑於生死禍福之際，於道學也，其庶幾乎！（見《道命録》李心傳序）

此書專載贊成程朱及反對程朱兩派之意見，加以考證，末以論斷。其材料全據政府之檔案，如詔書、奏議。載《元祐黨籍碑》（其首領爲司馬光，北宋時。）及《僞學黨籍》（其首領如趙汝愚，爲南宋人。）爲關於歷代學術事論之最佳書，當精讀之。

紀事本末類

《通鑑紀事本末》　四十二卷　宋袁樞

此爲紀事本末體之第一書。袁氏以司馬氏書太繁，人多苦之，〔四〕遂創此體。現普通本有二百三十九卷，〔五〕僞也。爲張溥將其自三家分晉至周世宗平南間，分爲二百三十九事，每事爲卷而説也。《通鑑紀事本末》後有論斷，清之《歷代史論》，即將袁氏之二百三十九事末論集成之。此書因據《通鑑》，故爲二等材料，然檢每事之始末則甚便。細因此書之目録，則可知中國歷史之概要焉。

〔一〕「或始疑終信。視其所以，則先附後畔」句，鈔本原無，據李心傳《道命録序》補。
〔二〕「之」，鈔本原作「亡」，據李心傳《道命録序》改。
〔三〕「也」，鈔本原作「有」，據李心傳《道命録序》改。
〔四〕「人」，鈔本原作「民」，據墨筆校訂改。
〔五〕「三十九」，鈔本原作「九十四」，據墨筆校訂改；以下徑改，不再注明。

此書之每類事目之見於五次以上者，計：平二九，據二三，叛二三，〔一〕滅二三，〔二〕亂二〇，〔三〕篡二〇，〔四〕寇一〇，伐九，逆八，〔五〕討七。〔六〕

此書以一千三百餘年之事，以二百三十九事歸納之，作法甚艱，觀之雖便，然吾人治史者不可引用此書。〔七〕

《宋史紀事本末》二十六卷　明陳邦瞻　江西人

明張溥以其每事爲卷，並作一論，故近本爲一百零九卷。

此書甚善，較《通鑑紀事本末》尤難。因《通鑑紀事本末》僅就《通鑑》原書抄尋其首尾而已，而《宋史》爲正史，本紀有之，列傳、志書亦有之，且《宋史》在正史爲最大，故求每事之始末，非閱畢每事所有關之列傳、本紀、志書等，不可得其概略，然猶恐遺漏也。此書爲明第一流書。

此書普通本書作者爲陳邦瞻，而《明史·藝文志》及明末之《千頃堂書目》書作者爲馮琦。蓋此書爲馮氏起首，而陳氏成之也。猶有奇者，《明史·藝文志》稱此書爲二十八卷，故陳、馮二氏究否爲一書，待考。

治《宋史》者觀此書甚便，但引用時仍以《宋史》爲准。

陳氏書雖名《宋史紀事本末》，但實則遼、金、元史事兼而有之。故於陳氏書一百零九卷中，有專述宋者八十九，〔八〕述宋而兼遼、金、元者十二，專述遼、金者各一，〔九〕專述金、元者三，述元者三，故仍以宋爲主，故名。

〔一〕「二三」，鈔本原作「二二」，據墨筆校訂改。
〔二〕「二三」，鈔本原作「二二」，據墨筆校訂改。
〔三〕「二〇」，鈔本原作「一八」，據墨筆校訂改。
〔四〕「篡二〇」，鈔本原作「篡一六」，據墨筆校訂改。
〔五〕「八」，鈔本原作「七」，據墨筆校訂改。
〔六〕「七」，鈔本原作「六」，據墨筆校訂改。此段下，鈔本有硃筆批語：「此足表明袁樞之正統思想與維護封建統治立場。」
〔七〕鈔本此段上有硃筆眉批：「引用史料，仍應根據《通鑑》。《紀事本末》唯可作爲檢閱《通鑑》之工具書。」
〔八〕「宋」，鈔本原無，整理者校補。
〔九〕「各」，鈔本原無，據硃筆校訂補。

《元史紀事本末》四卷　陳邦瞻作

此書分二十七事而述，材料得自《元史》及商輅《續綱目》。此書因太略，無甚用處，且其中數事在《宋史紀事本末》中俱已言之，不能引用。但其消極作用大。因現之《元史》非原本，〔一〕而陳氏所見者，爲洪武間之原本，故以之可校近本之《元史》錯誤。在未見原本《元史》之前，此書就消極方面言之，誠具相當之價值也。

《明史紀事本末》八十卷　清谷應泰〔二〕　河北人

此書共八十件事，每事爲卷，與《通鑑紀事本末》《宋史紀事本末》《元史紀事本末》作法不同。因其成書在《明史》之前，故價值大，可引用之。此書每事末附一論，用駢體文書成。

材料據明之私史《國榷》（談遷）、〔三〕《石匱藏書》（張岱），故宫有之，但多數係據明之實録。在未印《明實録》之前，此甚要。（近南京歷史研究所有將印《明實録》之説。）

清每代皆有實録，但不可公之，而明之實録，則凡三品以上之官，皆有勢力得求抄本。故當時之人對本朝之政治，以聞者及所見之實録，可書之成書。明清實録體異，但俱爲編年同。明者即國史，因兼有列傳，每大臣死，俱將其履歷書之成篇。清者則專記皇帝之事。

《東華録》即清之實録。王先謙爲《清實録》編修，雇人抄《清實録》甚多，名曰《東華録》。在未見《清實録》時，《東華録》甚要。〔四〕（近僞國傳將有印《清實録》之説。）

〔一〕「元」，鈔本原作「宋」，據硃筆校訂改。
〔二〕「清」，鈔本原無，據硃筆校訂補。
〔三〕「榷」，鈔本原作「權」，據墨筆校訂改。
〔四〕鈔本此段上有硃筆眉批：「《東華録》實清之實録。」

《左傳紀事本末》五十三卷〔一〕 清高士奇作

《遼史紀事本末》四十卷 李有棠 江西人

《金史紀事本末》五十二卷 李有棠 江西人

《西夏紀事本末》〔二〕 三十六卷

《三藩紀事本末》（即明末之唐王、福王、桂王） 四卷

《宋史紀事本末》《通鑑紀事本末》《元史紀事本末》與《明史紀事本末》四書，學者稱之爲四紀事。四紀事加《左傳紀事本末》，爲五紀事；〔三〕加《遼史紀事本末》《金史紀事本末》《西夏紀事本末》《三藩紀事本末》，爲九紀事。〔四〕

《三朝北盟會編》〔五〕 二百五十卷 徐夢莘 南宋江西人

三朝者，即指北宋之徽、欽二宗及南宋之高宗而言也。北盟者，即北宋末及南宋初與金人之交涉。此書爲第一部外交史。（《四庫全書》置於紀事本末類。）〔六〕自政和七年起，至高宗紹興三十二年，共計四十六年，專述與金交涉事。

〔一〕「五十三卷」，鈔本原無，據硃筆眉批補。

〔二〕「紀事本末」，鈔本原無，整理者校補。

〔三〕「爲」，鈔本原無，據硃筆校訂補。

〔四〕鈔本此段上有硃筆眉批：「仿袁氏本末體而繼作者甚多，尚有清之《繹史》一百六十卷，清馬驌著，起遠古，訖秦末。《左傳事緯》十二卷，清馬驌著，此書勝於高士奇《左傳紀事本末》。」

〔五〕鈔本書名上有硃筆眉批：「宜列入編年類，或另立外交類。」

〔六〕鈔本此句上有硃筆眉批：「誤，宜入編年類。」

此書内分三篇：

一、上篇，述徽宗政和、宣和間者，有二十五卷；

二、中篇，述欽宗靖康二年者，有七十五卷；

三、下篇，述高宗建炎、紹興者，〔一〕有一百五十卷。

材料：此書引用書有二百餘種之多，現存者僅數種，故此書價值甚大。徐氏作此書，用時數十年。此書爲編年體。凡引用之材料，皆注明出處。〔二〕未知者而加考證者，附某年之末；不知年代無類可歸者，另作雜録記於書末；〔三〕事同而説異者，其異説並存。此書少論語，但當時他人對事之評語則俱引之，蓋論古人易而評今則難也。

此書初無刻本，傳世皆抄本。〔四〕《書目答問》入紀事本末類，但低一格。（按張之洞以爲低一格者，皆次等書。）〔五〕現有刻本數種，光緒時廣東有排印本，光緒末四川亦有刻本。（近聞《四部叢刊》亦有擬印此書之訊。）〔六〕

類書類（制度史）〔七〕

《通典》 二百卷 杜佑 唐人（《四庫》以其入政書類。）

言各代典制者，當推正史之志書，然多爲斷代，將歷年典制通而述之者，則自《通典》起，亦即將正史之志書伸長打通而言

〔一〕「高宗」，鈔本原無，整理者校補。

〔二〕「出」上，鈔本原有「原來之」三字，據墨筆校訂删。

〔三〕「雜録記於」，鈔本原作「諸録雜記於」，據墨筆校訂删乙。

〔四〕「傳世」，鈔本原作「所傳」，據墨筆校訂改。

〔五〕鈔本此句上有硃筆眉批：「《書目答問》入紀事本末類，誤，宜入編年類。排置低一格，尤誤。」

〔六〕「部」，鈔本原作「庫」，據墨筆校訂改。

〔七〕按：類書類（制度史），鈔本原無，據硃筆校訂補。按：陳垣《中國史學名著評論講稿》手稿圖版亦缺類名，整理本據永瑢等《四庫全書總目》補「政書」，《來新夏聽講筆記》爲「會要」；分載陳垣著、陳智超編《中國史學名著評論》，第一九三、二一一、一四七頁。

之，至杜佑本人止。此書爲材料書，爲唐史書最佳者，蓋《新》《舊唐書》成於後者也。

《通典》作法，除正史之志書外，尚集當時各家文集、奏議中之材料亦甚多，且其原書所引之材料，原書有許多現已亡佚，故此書之價值亦即在此。

通典分八門，或謂兵刑二部分，即成九門：食貨、選舉、職官、禮（約一百卷）、樂、兵刑、州郡、邊防。八門之内，尚分許多支目。

禮門前六十五卷，爲唐以前之禮，其餘三十五卷，爲唐當時之禮。（爲開元年間所定者。）吾人僅知其節目，當利用時即可尋而用之。《通典》引書不注出處，爲其病焉。（如某人謂……等語。）但因其本書資格已足，〔一〕亦可作爲根據。此書非世家絶不可作，〔二〕蓋非洞悉歷代之典章制度，不可爲也。

此書甚似百科全書、百科辭典之作法，與《東》《西漢會要》同。

《崇文總目》載類書類，《文獻通考》載故事類，《宋·藝文志》載類事類。

《通鑑》與《通典》之作法正同。《通鑑》爲作各朝之紀，〔三〕《通典》爲作各朝之志書。

普通謂三通，即《通考》《通典》《通志》。更有謂三通者，即三通典：《通典》《續通典》《清通典》是也。所謂四通，即三通加《通鑑》。九通，即三通加續三通及清三通。

《通志》〔四〕　二百卷　鄭樵作　南宋人

史學界分爲二派，即事實派與理論派是也。事實派實事求是，注重考證，如宋之史家、清之考證家。理論派善發議論，此易

〔一〕「本書」，鈔本二字原重複，據硃筆校訂删。
〔二〕「絶」，鈔本原作「決」，整理者校改。
〔三〕「紀」，鈔本原作「記」，整理者校改。
〔四〕鈔本書名上有硃筆眉批：「議論，不宜列入類書。」

得名，〔一〕亦易失敗。如清之章實齋，以其新奇之意見書之成書，自受歡迎，初學尤好讀之。但此派之作品，倘他人發現與其言論矛盾時，則非之亦當。且《通志》爲理論派，因以理論而得名也。

《通志》取正史整個而伸長之，自言爲學《史記》，〔二〕但《史記》之作也非有意的，而《通志》乃故意造作也。故非班固曰：「以班之比馬，猶豕之比龍。」（見《通志總序》。）對《史記》法則力贊之。此書《四庫》載別史類。

材料——此書毫無價值，〔三〕材料固全抄自正史，則較原書則串通而略之，故此材料不可用。

此書以正史之志書改爲略，各史之表改名爲譜，其餘列傳、本紀仍同。

此書分本紀十八卷、后傳二卷、年譜四卷、略五十二卷、列傳一百二十四卷。此法古人已爲之，如梁武帝之《通史》，但早亡，故鄭此書非創作。此書因有二百卷，短時間不可讀，而作史料亦未爲可，故無甚用處。

鄭氏對理論最得意，故此書之精論，即在其二十略中：○氏族、○六書、○七音、天文、地理、○都邑、禮、謚、器服、樂、△職官、△選舉、△刑法、△食貨、藝文、校讎、圖譜、金石、災祥、○昆蟲草木。〔四〕

凡五○者，爲各正史所無；凡五△者，爲全自《通典》。〔五〕（故有人亦非其爲以豕比龍。）其氏族、都邑、昆蟲草木，此三門本自劉知幾之《史通》。昆蟲草木一門，《史通》謂之方物。六書、七音，古人歸之於小學。器服、謚，均本於禮。（器服，古人歸之於輿服。）校讎、金石、圖譜，〔六〕正史歸之入藝文類。

〔一〕「易」，鈔本原作「是」，整理者校改。

〔二〕「言」，鈔本原作「問」，整理者校改。

〔三〕「毫」，鈔本原作「耗」，整理者校改。

〔四〕「昆蟲草木」，鈔本原作「草木蟲魚」，據墨筆校訂改；以下徑改，不再注明。

〔五〕「凡五△者，爲全自《通典》」，按：鈔本加△者，僅有職官、選舉、刑法、食貨四略，而非五略。陳垣《中國史學名著評論講稿》手稿圖版及整理稿云：「禮、樂、選舉、刑法、食貨五略，仍《通典》原文。」分載陳垣著、陳智超編《中國史學名著評論》，第一九四、二二一頁。而永瑢等《四庫全書總目》卷五〇史部別史類《通志提要》云：「其禮、樂、職官、食貨、選舉、刑法六略，亦但刪録《通典》，無所辨證。」三者各有不同。

〔六〕「校讎」，鈔本原無，據陳垣《中國史學名著評論講稿》手稿圖版及整理稿補，分載陳垣著、陳智超編《中國史學名著評論》，第一九四、二二二頁。

此書之可取處即在其議論，而不在其史料，因有新奇之議論也。其二十略中，每略之前有一序，其議論即表現於其序中。《文獻通考》内對此書無記載，僅有其二十略，且未言其卷數。而今人並二十略而不看，而閲其二十略序，因中多他人想言而未言之議論也。此書本紀、列傳至隋止，禮、樂、刑三部已至唐，而藝文、校讎則至北宋。校讎多發議論，甚可讀。章實齋之《文史通義》，即與之甚表同情。

《文獻通考》三百四十八卷　馬端臨（此書乃南宋末之偉著。）

此何以名？蓋彼以爲述唐以前據之書本者謂之文，唐、宋以來據之諸臣之奏議、諸儒之議論者謂之獻，且此乃串通歷代而至嘉定以前，是故名也。

此書分二十四門：田賦、錢幣、户口、職役、征榷、市糴、土貢、國用、選舉、學校、職官、郊社、宗廟、王禮、〔一〕樂、兵、刑、○經籍、○帝系、○封建、○象緯、○物異、輿地、四裔。

此書爲續《通典》。此書有○之五門，爲續唐天寶以來，至嘉定止。此書亦爲材料書。此書前半本於《通典》。（四庫入政書類。）

《通典》爲容納各學説而成之，熔鑄各家之言於一書，〔二〕如化學作用；《通考》爲排列詳細目條而成之，如物理作用。《通考》於不妥之史事多加以考證，而低一格附於此事之後，且參以他人對某事之按語，檢查較《通典》爲便當。

此書中唐以後者，其力量與正史同，因成於《宋史》之前。（此書成於南宋末，而《宋史》則成於元時。）其餘續三通皆起自三通之末，而至明末爲止。

〔一〕「王」，鈔本原作「五」，據陳垣《中國史學名著評論講稿》手稿圖版及整理稿改，分載陳垣著、陳智超編《中國史學名著評論》，第一九四、二二二頁。

〔二〕「鑄」，鈔本原作「著」，整理者校改。

六通：

成書之先後	六通〔一〕	卷數	成書之年〔二〕
三	續通典	一四四	乾卅二〔三〕
五	續通志	五二七	乾卅二
一	續通考	二五二	乾十二
四	清通典	一〇〇〔四〕	乾卅二
六	清通志	二〇〇	乾卅二
二	清通考	二六六	乾十二

《續通典》

《清通典》

因《通典》成書於唐，故當述《續通典》。

《續通典》包括有唐後半期及宋、遼、金、元、明，支目同《通典》，僅伸長而已。然何以清人同時復有《皇朝通典》，即《清通典》之設耶？蓋清人述清前者，僅直述而已，但書清之當代者，則須提行抬頭，爲排列方便，故始分之。嘻，甚無謂也！

《續通典》與《清通典》之分類約略相同。《續通典》因全據宋、元、遼、明等史，故非上等史料書而不可用。《清通典》爲自清初述至乾隆三十二年爲止，因書成於乾隆三十二年。此書因據自清當時之檔案等，故爲材料書。

〔一〕「六通」，鈔本原無，整理者校補。

〔二〕「成書之年」，鈔本原無，整理者校補。

〔三〕凡「乾卅二」「乾十二」等成書之年，鈔本原無，皆據墨筆校訂補。

〔四〕「一〇〇」，鈔本原作「一六〇」，據墨筆校訂改。

《續通志》

《清通志》

《續通志》與《清通志》之作法絶異。《通志》齊首不齊尾，而《續通志》則爲齊脚不齊頭。因《續通志》之本紀、列傳，續自唐而止於明。《通志·校讎略》至北宋，而《續通志》則起自南宋而止明。《通志》之禮、樂至唐，而《續通志》則自北宋至明也。《四庫》入别史類。其材料因據自唐、宋、元、明各史，故非材料書。

《清通志》無本紀、列傳，僅有二十略，《四庫》入政書類，材料比較有用。因同一材料而清三通館俱用之，亦所謂一雞三味也。

《續通考》

《清通考》

《續通考》自嘉定後至明，史料無用。

《清通考》乾隆十二年作，材料比《清通志》《通典》有價值，因後者俱抄自《清通考》也。

續三通爲全抄自舊史，清三通又有尤有價值之當代專書，如《大清律例》《大清會典》等可全代之，故六通無甚價值。〔一〕

《西漢會要》〔二〕　七十卷　徐天麟　南宋人，即徐夢莘之姪。

此會要爲北宋之創作，甚似現代之百科辭典，或《漢書》之研究，材料全得自《漢書》。

〔一〕 鈔本此段上有墨筆眉批：「劉錦藻《皇朝續文獻通考》三百二十卷，《明會典》一百八十卷，清代各部有則例，《四庫》皆不著録。」

〔二〕 按：《西漢會要》與《東漢會要》，鈔本原在《通典》之上，據硃筆校訂調整至《清通考》之下。

此書分十五科，復有三百六十七小支目。其十五大科門即：帝系、禮、樂、輿服、運曆、祥異、學校、職官、選舉、民政、食貨、兵、刑、方域、蕃夷。檢查研究《漢書》，觀之甚便，但並非材料書，而方法可爲吾人治史之模範。

《東漢會要》四十卷 徐天麟

此書較《西漢會要》更進一步，亦分十五門，三百八十四小支目，但十五門中無祥異，而將祥異置於曆書中，又自職官分封建，仍爲十五門。

此書較優於《西漢會要》者：

一、《西漢會要》之材料僅據《漢書》，而此書則兼採他書。

二、《西漢會要》無批評，而此書則有斷語。

此書亦俱注出處，非材料書，但觀之甚便也。

《唐會要》百卷 王溥 北宋初山西人

會要之名傳存於今者，當自《唐會要》始，唐前雖有而今亡。此爲極重要之材料書，作法同百科辭典，立門目後尋材料，如類書。《崇文總目》《郡齋讀書志》（晁公武作，南宋之最著名目録書，〔一〕簡稱《讀書志》，亦曰「晁氏」者。）將《唐會要》入類書類，《書録解題》（即《直齋書録解題》，陳振孫作，此亦簡曰「陳氏」。）入類書之典故門，《通考》之《經籍考》入故事類，《宋史·藝文志》入類事類，《四庫》入政書類。

（前於帝政時代，類書甚要，且於科舉時代，作詞賦所謂文章華麗者，即因用典故多也。然人力有限，未能讀盡全書，故類書乃應時而生，且多述風花雪月者。清時類書之對象爲原本書，如有人者，不出於類書而由於原書，則名高矣。因甚倡讀原本書，

〔一〕鈔本此句上有硃筆眉批：「南宋最著名目録書。」

則類書之格低矣。《唐會要》雖爲類書，但全爲記載典章制度者，故逐漸高之，由類書而典故、故事、類事，至政書類矣。）

《唐會要》之價值何以甚大？蓋現所見之《唐會要》，即宋王溥據自唐時之二會要增加而成。《新唐書·藝文志》有《會要》四十卷，現亡。而現《唐會要》之自唐高宗至德宗者，即其本。（《景教流行中國碑》，唐德宗時入華。）崔鉉亦有《續會要》四十卷，爲自肅宗至宣宗。此爲無上之材料，因唐人所作唐時之史料也。〔一〕而王溥即以此二書之八十卷，續自宣宗後至唐末，共爲一百卷。此書雖成於宋人王君之手，但彼皆據之當時人之史料，況《唐書》复成於後者哉！是故唐天寶以前，《通典》可據，《通典》以後，則以《唐會要》爲最佳之材料中工具書。《唐會要》當時固僅備檢查，目録即有五百一十四條之多，用之甚便。唯因其所引書亡，故此乃變而爲材料書，大有取唐實録之地位而代之之勢。

《五代會要》三十卷　宋王溥撰〔二〕

此爲王溥續《唐會要》成後而作者。此書亦甚要，因史書之關於五代者，僅《新五代史》及《舊五代史》。現存《舊五代史》乃《永樂大典》輯本。《新五代史》爲北宋人作，較王時爲後。且關於典章制度者，《新五代史》只有《司天考》《職方考》而已，其餘政、經等，則無特別之言記載，故不足用。〔三〕

《五代會要》材料，據當時之實録。此書分二百八十門類，仿《周禮》之作法，詳於典禮，補《五代史》之缺，有時價值過《五代史》。〔四〕此爲會要存今者之第二部。

五代雖亂，然對學術之利甚大。因古之所謂統一，乃由極大之壓力而成，〔五〕學術思想自受其莫大之影響，〔六〕致未發達。反覩

〔一〕「時」，鈔本原作「詩」，據墨筆校訂改。
〔二〕「三十卷，宋王溥撰」，鈔本原無，據硃筆校訂補。
〔三〕鈔本此段上有硃筆眉批：「五代史料最缺。」
〔四〕「值」，鈔本原無，整理者校補。
〔五〕「成」下，鈔本原有「之」字，據墨筆校訂删。
〔六〕「大」，鈔本原無，據墨筆校訂補。

五代，因政治之亂，故當時人民得到思想之自由，對學術自有莫大之功利焉。〔一〕

《宋會要》三百六十卷〔二〕　宋章得象撰　徐松輯〔三〕

現有印出之希望，〔四〕現存北平圖書館。〔五〕

現普通人所謂《宋會要》，乃清人名之者，在未見原書之先，就通本略述之。

材料據自：

一、《三朝國朝會要》百五十卷。宋人學王溥之辦法，〔六〕以宋之實録編之。所謂三朝者，乃指宋太祖、太宗、真宗三朝是也。宋仁宗慶曆四年成之。此可爲材料書。

二、《六朝國朝會要》三百卷。即三朝外加仁宗、英宗、神宗，謂之六朝，故此書已括有前書。神宗熙寧十一年成之。此書計分十一類，支目八百五十八門。此爲當代之政治、經濟辭典。此因官書，非一人作。

三、《節國朝會要》十二卷。此即以《三朝會要》改爲十二卷。

四、《續會要》三百卷。起元豐，至北宋末靖康止。南宋時成之。此爲續二之書，自神宗末起，續哲宗、徽宗、欽宗三朝事。（北宋共九朝。）此書分二十一類，六百六十六門。

此一、二、三、四實即二書，因一包於二內，〔七〕三不過節本而已，故二加四，北宋者備矣。

〔一〕鈔本此段上有硃筆眉批：「五代時學術發達。」

〔二〕「三百六十卷」，鈔本原無，據硃筆校訂補。按：陳垣《中國史學名著評論講稿》手稿圖版及整理稿著録《宋會要》「五百卷」，分載陳垣著、陳智超編《中國史學名著評論》第一九六、二二三頁。硃筆校訂卷數，係據范希曾《書目答問補正》卷二史部政書類補，上海古籍出版社一九八三年點校版，版本下同，不再注明。上海大東書局一九三六年出版《宋會要稿》，實際卷數爲三百六十六卷。

〔三〕「宋章得象撰，徐松輯」，鈔本原無，據硃筆校訂補。

〔四〕「有」下，鈔本原有「之有」二字，據墨筆校訂刪。

〔五〕鈔本此句上有墨筆眉批：「民國廿一年印出。」按：上海大東書局《宋會要稿》，實際出版時間爲民國二十五年（一九三六年）。

〔六〕「辦」，鈔本原作「辨」，整理者校改。

〔七〕「內」，鈔本原作「類」，整理者校改。

五、《中興會要》二百卷。建炎至紹興，爲南宋初之會要。

六、《國朝會要總類》五百八十八卷，李心傳。此以二、四、五三書合編而成之偉著也。

七、《孝宗會要》二百卷。

八、《光宗會要》一百卷。

九、《寧宗會要》卷數不清。此三種爲《玉海》所載。

現今之《宋會要》，係徐松由《永樂大典》輯出。

《永樂大典》

爲明初最大之類書，計二萬二千八百七十七卷。〔一〕

書有類書與叢書之分。類書有二種：一、按韻分法；二、按類分法。（如以天文、地理等分。）類書之用途，便於檢查也。以前載叢書於類書內，至清始分之。類書爲按門分類，以類爲之；叢書以書爲主。類書爲散碎者，叢書爲整者，蓋其中各書俱可獨立也。

《永樂大典》爲類書，以韻分類。（以《洪武正韻》爲本。）

《永樂大典》以太大，不便於檢查。其目録即爲六十卷，書有一萬一千零九十五册。〔二〕（繆以爲一萬二千册。）半頁八行，每行書分二行，故實即十六行。每行二十八字，（本每行三十字，因最上二字書類目，如江東、河東等。）俱爲小字。《永樂大典》六年成功。（由永樂元年起，至六年止。）初其項目極細，後帝促之大急，因即以全書裝入，遂失類書之本性，故爲《永樂大典》之病焉。然正因其裝整部書入《永樂大典》，故因之明初之書籍今不可見者，我儕又可於《永樂大典》中得見之。故其由類書而變爲叢書，正其佳點也。

〔一〕鈔本此句上有墨筆眉批：「《大典》二二八七七卷。」

〔二〕「一萬一千零九十五册」，鈔本原作「一千一百零九册」，據《來新夏聽講筆記》改，載陳垣著、陳智超編《中國史學名著評論》，第一一九頁。

《永樂大典》由明初作成，直至清初，其經過之歷史不清。乾隆時置南池子皇史宬，〔一〕後由皇史宬移至御河橋之翰林院，存於院内之敬一亭。（在今使館界内。）清全祖望字謝山，乾隆時人，甚提倡此書，〔二〕《永樂大典》之書名用紅字，而注爲黑字。）於是集翰林抄寫不少。乾隆三十八年，先生想由《永樂大典》專輯明初存而現亡之書，〔三〕作一《四庫全書》之大本營，故《四庫》館開後，分班專輯佚書。

計輯《四庫》著録書：經部七十種，史部四十種，子部一百零一種，集部一百七十四種，共三百八十五種。〔四〕入《四庫》存目者：經部九種，史部三十八種，子部七十一種，集部十種，共一百二十八種。（據《四庫總目》所得數目。）

光緒末，繆荃孫字筱珊，〔五〕著書名《藝風堂續集》，卷四内載有《永樂大典考》一篇，並附其卷數，然與陳垣氏之數不同。計著録：經部六十五種，史部，子部，集部；存目書。〔六〕

《四庫提要》類書之存目亦有《永樂大典》之提要，〔七〕可參考：經六十六，史四十一，子一百零三，集一百七十五。

此上數目之稍有出入者，因《四庫提要》成後，《四庫》書加存者有之，減去者亦有之，故數目不同。

《北平圖書館月刊》亦有《永樂大典》文章一篇。

此書乾隆後經翰林等偷竊，因日愈缺少耳。庚子變，被火散失後，價約三兩銀子一册，民六已增加七八十元，民十四每本百餘元，民二十年三百元，近每册五百餘元。

北平圖書館存六十餘册，抄及攝影者八十餘册；藏書家而密者約數百本。

〔一〕「置」，鈔本原作「值」，據墨筆校訂改。宬，鈔本原作「崴」，據墨筆校訂改；以下徑改，不再注明。
〔二〕「提」，鈔本原無，據墨筆校訂補。
〔三〕「先生」上，鈔本原有「全謝山」三字，據硃筆校訂删。
〔四〕「共三百八十五種」，鈔本原無，據墨筆校訂補。
〔五〕「筱珊」，鈔本原作「小山」，整理者校改；以下徑改，不再注明。
〔六〕按：史部、子部、集部、存目書種數，鈔本原缺。
〔七〕「亦」，鈔本原作「佚」，據墨筆校訂改。

《全唐文》一千卷。徐松字星伯，嘉慶翰林，〔一〕十四年入館，時年二十九歲。〔二〕

嘉慶時，鹽商因關於《四庫全書》出錢不少，後鹽商又出錢編《全唐文》一千卷。當時立館名《全唐文》館。河北人徐松，於《永樂大典》關於唐文提出再重抄之，而成《全唐文》。因見有關宋朝事蹟，亦提出而抄之，用《全唐文》紙之格式，因成《宋會要》。此乃假公濟私之法也。〔三〕嘉慶十五年，徐松放湖南學差，敗名而充軍於新疆伊犁七年，成書名《西域水道記》，甚有名，國際間亦深注意之。更著《漢書西域傳補注》。

《宋會要》抄而未校、未對亦未編，故不免差雜遺誤。至光緒初年，爲繆筱珊購得《宋會要》。光緒十二年，賣於廣東梁鼎芬，爲廣東廣雅書局之人。經繆筱珊與屠寄（敬山）重編而未成。四川人王秉恩（雪澄）辛亥年攜去上海，〔四〕而押於嘉業堂劉承幹（翰怡），劉又請一舉人重整之，此民四以前事也。後成兩種稿子：一爲徐松者，一爲劉君整理後之稿。民國十五年，以燕大、輔大、北大欲出資重印之，後獨燕大出資一萬元而未能成。後民國二十年，北平圖書館於劉氏以四千元購得之，而仍置館內，但仍未整理。

陳垣氏藏有繆氏致梁氏之書信原稿，言此書亦交陳宗侃收，重編纂後再爲付梓等語。〔五〕

《三國會要》二十二卷　楊晨　浙江黃巖人

此書爲工具書。〔六〕光緒二十六年在江蘇書局出版。門類分十五門，與《東》《西漢會要》同。引書有一百五十五種。〔七〕（《三

〔一〕「慶」下，鈔本原有「時」字，據墨筆校訂刪。
〔二〕「時」，鈔本原作「彼」，據墨筆校訂改。
〔三〕《宋會要》上，鈔本有墨筆眉批：「《鐵橋漫藁》三《答徐星伯同年書》云：『嘉慶中，足下在《全唐文》館，從《永樂大典》寫出《宋會要》，此天壤間絕無僅有者。及今閒暇，依《玉海》所載《宋會要》體例，理而董之，存宋四百年典章。肆力期年，犕可竣事，而來書言苦無助我爲力者。助得附名，非有議敘，廢時懸望，難必其人。異日或蒙恩大用，無暇及此矣。』此書作於甲午歲，爲道光十四年。」
〔四〕澄，鈔本原作「登」，據硃筆校訂改。
〔五〕「付」，鈔本原作「附」，整理者校改。
〔六〕鈔本此句下原有「《四庫》入政書類」六字，據墨筆校訂刪。
〔七〕「五十五」，鈔本原作「十五」，據墨筆校訂補。

國志》與《注》在外。按：《三國志注》引書三百餘種。）此書之材料皆加考證，清代對三國典制考證之成績尤盡量利用，故此書材料佳。此書之特長，〔一〕兩《漢書》皆有志，故徐天麟伸長其書則甚易，而《三國志》則無志書，其關於典制須别求之，此《三國會要》之所作也。

楊晨之前有錢儀吉作《三國會要》，未成功，其《衎石齋記事稿》卷三有《三國會要序例》，其文稿現存浙江楊家。〔二〕《三國會要》可做基本書讀，因其材料與《三國志》材料同，而纂編又甚有系統耳。

《晉會要》六十卷　汪兆鏞　廣東人

現年七十餘歲。（與吴士鑑俱爲陳東塾之弟子。）〔三〕

宣統二年成稿，現未刊印。作法同《兩漢會要》，惟門目稍有出入。彼生於清，得見清人考據《晉書》之材料，故此點爲其書之可貴者。此書分十六門，而其中之二門爲以前所無，即經籍門與金石門是也。（按經籍一門，昔未特别提出。金石之學，宋代因帝王之倡導始興焉，至清而大盛。治史者由書本而到實物，故其進步也。）

此書民事、兵、職官等門，〔四〕汪氏皆有特别之見解。此三門前日雖有，但汪氏取材則與昔稍異。

清末研究《晉書》風氣甚盛，其因如下：〔五〕

一、清代經學甚佳。

二、凡研究經學者，莫不讀前四史，以其文章甚佳也。

三、讀四史首重文章，次重史事。

〔一〕「長」下，鈔本原有「一」字，整理者校删。

〔二〕「楊家」，似當作「湯家」。按：范希曾《書目答問補正》卷二史部政書類：「錢儀吉《三國會要》稿本，凡五册，舊藏蕭山湯紀尚處。」

〔三〕「塾」，鈔本原作「舒」，據墨筆校訂改。「陳東塾」之左，鈔本原有「陳澧」二字，據硃筆校訂删。

〔四〕「民事」，鈔本原作「名士」，據汪兆鏞《稿本晉會要·目録》改，書目文獻出版社一九八八年影印版。

〔五〕鈔本此句上有硃筆眉批：「清代研究《晉書》甚盛之原因。」

四、以其四史之範圍太窄，故擴充而至《晉書》與《五代史》《明史》。至光緒時，重《魏書》，而《唐書》《五代史》歐派不甚見重，故除四史之外，學者咸趨《晉書》，以《晉書》文章體裁之佳麗耳。

清末補《晉書藝文志》有四種書：

吴士鑑	光緒十三年	晉書經籍志	四卷	已刻
丁國鈞	光緒二十年	晉書藝文志	四卷	
文廷式	宣統元年	晉書藝文志	六卷	
秦榮光（上海人）	民國四年	晉書藝文志	一卷（一厚卷也）	

《晉書斠注》　一百三十卷〔一〕　吴士鑑　嘉業堂印行

此書爲吴君於民國後棄官而成書。《晉書斠注》之作法，與日人之《史記會注考證》同，即集所有歷代關於《晉書》之材料而成書。〔二〕此書雖未至於盡善，但現尚無過其上者。此用歸納法編成。

作書有二法，〔三〕即歸納法與演繹法是也。〔四〕例之如下：

一、演繹的——從《晉書》第一卷讀起，〔五〕遇疑問時則自己去考證而探求之，或再尋他人對此問題研究之成績，故成書時必久而工作甚累，笨法也。

二、歸納法——可以不看《晉書》，先找前人關於《晉書》之材料，而逐條記於《晉書》原處。此法易，收效大，然他人知者則我知，他人不知者則我亦未可作對也。

〔一〕「三十」，鈔本原作「餘」，據硃筆校訂改。
〔二〕「即」，鈔本原作「印」，整理者校改。
〔三〕「二」，鈔本原作「三」，據硃筆眉批改。
〔四〕鈔本此句上有硃筆眉批：「作書二法。」
〔五〕「從」，鈔本原作「以」，據硃筆校訂改。

錢儀吉《衎石齋記事稿》卷三之《序例》，〔一〕作《補晉兵制》一卷。彼作《晉會要》與《三國會要》均未成，僅成《補晉兵制》一卷，其名雖爲《補晉兵制》，而實乃晉代兵制之研究。

《明會要》八十卷　龍文彬　江西永新人　清光緒十三年刻

此書分十五門，仍仿徐氏法。因時代太近，故材料太多，其序曰「搜羅易而去取難」。其書引書有二百餘種，未載引用書目，但引書於原文内則注出，並有辯證考證，低二格排列於此文之下，而内有五卷（方域門七十三、七十四卷，及外藩門七十八、七十九、八十卷。）俱未注出處。或疑爲此處引用之材料，爲當時之禁書故也。

此亦爲辭典性之書，蓋便於檢查也。

别史類

别史者，别於正史而言，即深於正史一等，或謂副史，然其材料或有超出正史者。

四朝别史：四朝者，即宋、遼、金、元。雖曰四朝而書有五種，因南、北二宋故也。

《東都事略》一百三十卷　王稱　南宋四川眉州人〔二〕

所謂東都者，既汴梁也，换言之，即北宋事也。

作法：與正史同，本紀十二、世家五、列傳一百零五、附録八。附録者，當時之遼、金，〔三〕猶《晉書》中之載記，專記外國之

〔一〕「齋」，鈔本原無，據范希曾《書目答問補正》卷二史部正史類補。
〔二〕「眉」，鈔本原作「梅」，據硃筆校訂改。
〔三〕「金」下，鈔本原有「元」字，整理者校删。

事蹟。后妃、王子歸於世家。無書無志。自百十卷起，以下成爲類傳，類傳分九門：（類傳者，即傳以類分之也。）一、忠義；二、循吏；三、儒學；四、文藝；五、卓行；六，隱逸；七、外戚；八、宦者；九、僭僞。（内詳張邦昌事。）一百二十三卷以後爲附録，内詳遼、金、西夏、西蕃、交趾。

元以後輕視此書，故修《宋史》未引此書。《四庫提要》謂元人未得見此書，故修《宋史》時未提此書。王稱父爲王賞，〔一〕爲當時實録館之修纂，故王稱得據國史而成書。江西人洪邁謂，此書取材多本於國史。《郡齋讀書志》《直齋書録解題》《通考·經籍考》三書均載此書，〔二〕故陳垣氏疑元人見而未採也。

此書之價值在《宋史》之上，以其作書較《宋史》早百年，惟僅詳北宋事。

清康熙時，汪琬（號鈍翁、堯峰。〔三〕）《鈍翁外稿》有《東都事略跋》三卷。汪氏修《宋史》未成，故取其搜集材料成《東都事略跋》，引書有九十餘種。此九十種均爲宋代材料。汪氏謂《宋史》即根據《東都事略》而成，而《四庫提要》則反對之。《學海類編》内有《張邦昌事略》與《西夏事略》。《張邦昌事略》，即取《東都事略》之《僭僞傳》而成之；〔四〕《西夏事略》，即取《東都事略》之《西夏附録》而成之。〔五〕《張邦昌事略》載《四庫》傳記存目第六卷，〔六〕載記存目有《西夏事略》之批評。〔七〕《東都事略》書作者爲王偁，但《學海類編》謂「王偁」爲「王稱」。王偁字季平。《四庫提要》謂《學海類編》改王偁爲王稱，爲「愈僞愈拙」。偁，《説文》謂揚也，而稱者銓也。故以其字季平觀之，則應從「稱」而不從「偁」。明《永樂大典》編纂副總裁名王偁，字孟揚，後因王偁名大，故遂書《東都事略》作者爲王偁。《學海類編》因翻板少，故仍保持原來之「王稱」二字。

〔一〕「稱」，鈔本原作「偁」，整理者校改；以下徑改，不再注明。

〔二〕「録」，鈔本原作「目」，據永瑢等《四庫全書總目》卷八五史部目録類一《直齋書録解題提要》改。

〔三〕「號」，鈔本原作「字」，整理者校改。「鈍」，鈔本原作「純」，據硃筆校訂改；以下徑改，不再注明。

〔四〕「即取《東都事略》之」，鈔本原無，據下文校補。僞，鈔本原作「位」，據上文校改。

〔五〕「附録」，鈔本原作「事略」，據上文《東都事略》體例改。

〔六〕「張」，鈔本原無，據永瑢等《四庫全書總目》卷六四史部傳記類存目六《張邦昌事略提要》補。

〔七〕「評」，鈔本原作「詳」，整理者校改。

王禹偁（元之），北宋時名人，作《五代史闕文》，書成於淳熙時。淳熙爲宋孝宗之年號。宋孝宗之父名秀，字玉偁，故爲避諱起見，書此書作者爲王稱。《東都事略》有《王偁傳》，〔一〕但文中「偁」字皆爲「侢」。後人不察，竟誣書王稱爲「愈僞愈拙」，誠非是也。（關於宋代史事，宜注意史諱。陳垣氏著有《史諱舉例》，當參考之。昔有《春秋解詁》一書，爲治名與號相關之書。）

《南宋書》六十八卷　錢士升　明萬曆間狀元

《四庫》不著録，載別史存目内。

作法：本想續《東都事略》，約成南都事略之樣，後因其節目與前書異，故名《南宋書》。

材料：多出自《宋史》，〔二〕刪繁就簡而成之，法學《南》《北史》，計：本紀六、后妃紀一、〔三〕列傳六十一。

《宋史》病在列傳内繁載官銜，因《宋史》多根據各家之家傳、奏疏、行狀而成故也。

用途：吾人讀《晉書》《宋史》甚感不便，〔四〕因《晉書》分不清東、西晉，《宋史》分不清南、北宋也。然《東都事略》與《南宋書》，乃極顯然分載南宋與北宋事。

《南宋書》爲工具書，因均出於《宋史》，非如《東都事略》成於《宋史》之前也。《南宋書》簡略而無增加，唯文佳而便檢查耳。

清邵晉涵二雲先生曾作《南都事略》而未成。〔五〕

《契丹國志》二十七卷　葉隆禮　南宋人

一、《四庫》著録。此書可謂華人用漢人之材料作外國史，故真確性少。當時契丹有契丹字，借漢字加契丹之讀法，經相當之

〔一〕「略」，鈔本原無，整理者校補。
〔二〕「宋史」，鈔本原作「宋書」，據硃筆校訂改；以下徑改，不再注明。
〔三〕「一」，原作「七」，據錢士升《南宋書》改，《四庫全書存目叢書》影印清嘉慶二年掃葉山房刻本，齊魯書社一九九六年出版。
〔四〕「書」，鈔本原作「史」，整理者校改。
〔五〕「雲」，鈔本原作「靈」，據硃筆校訂改。

時，音韻與語之變化，即莫明其妙。（如現之注音字母。）現發現之契丹碑，識者未定，因其字與中國異，故不易流傳。

二、契丹當時禁止文件、書籍出國，因之外國俱不知之。惟商人來往，雖書不可帶，但可據賈者之口傳，亦可得其概略，但不確耳。

三、當時二國使臣之來往，常著遊記，因僅短時之考見，確性亦少。

四、當時由俘虜之口述而得來之材料，亦有據此等材料而作外國史，確性自少。雖由《唐書》等亦可知一二，但其亦由口傳而來也。

現遼之史書，傳至今者有二部半書：

《龍龕手鑑》四卷，釋行均，北平僧，用漢文書成，爲遼時代書。

《續一切經音義》十卷，釋希麟（北平之僧）作，爲遼時代書。

《星命總括》三卷，耶律純。但作者是否真遼人，待考。

以上三書，《四庫》著録。

葉君奉敕撰，而作《契丹國志》，其特别材料取之於宋與遼往來之公文中。此書除本紀十二、列傳七，餘即檔案也。其運用材料均不剪裁，而只整個裝入，故至今尚可見其原料之本來面目。

列傳以後即載：

第十九卷	除授蕃將職名	除授漢官職名
二十卷	晉出帝降表	晉李后降表
	宋真宗誓書	契丹聖宗誓書
	契丹求地界書	宋回契丹書
二十一卷	契丹賀宋朝生辰禮物	
	宋朝賀契丹生辰禮物	

宋朝勞契丹人使物件〔一〕

二十二卷　州縣載記　控制諸國　四至地理　四京本末

二十三卷　族姓原始　風俗　部落　兵馬　建官　宮室　衣服　漁獵時候

試士制度（此二十三卷可作契丹之研究，其將材料滲化。）

二十四卷　王沂公行程録　富鄭公行程録〔二〕

余尚書北語詩〔三〕　刁奉使北語詩〔四〕（此四俱爲整個之遊記。）

二十五卷　胡嶠陷虜記　張舜民使虜記〔五〕（俱爲整個之書。）

二十六卷　諸蕃國雜記

二十七卷　歲時雜記

由上觀之，可知搜集材料甚難。

《契丹國志》《四庫》書不可靠，最好爲明、宋版，因清將内容删改。如《胡嶠陷虜記》，「虜」字改爲「北」字等是也。

《大金國志》　四十卷　宇文懋昭（爲金亡國大夫，不欲去元，在宋作此書。）

《四庫》著録。

其書仿《契丹國志》，二書異者，即前書爲奉敕撰，而《大金國志》爲私人著作，故其材料不如《契丹國志》也。

此書計：本紀二十六，列傳三，

〔一〕「朝」「使」，鈔本原作「相」「事」，據葉隆禮《契丹國志》卷二十一改，中華書局二〇一四年點校版，版本下同，不再注明。

〔二〕「鄭」，鈔本原作「鄂」，據葉隆禮《契丹國志》卷二十四改。

〔三〕「詩」，鈔本原作「録」，據葉隆禮《契丹國志》卷二十四改；以下徑改，不再注明。

〔四〕「詩」，鈔本原作「録」，據葉隆禮《契丹國志》卷二十四改。

〔五〕「民」，鈔本原作「氏」，據葉隆禮《契丹國志》卷二十五改。

第三十卷　楚國張邦昌録

三十一卷　齊國劉豫録

三十二卷〔一〕立楚國張邦昌册文　立齊國劉豫册文

檢視宋國庫藏　取去宋國印寶（此等爲當時檔案，彼如何得來，未可考。）

宗族隨二帝北遷（隨徽、欽二宗北遷宗族之名單。）

三十三、三十四、三十五、三十六　金國之研究（同前書二十三之研究。）

三十七、三十八　二國往來之誓書

三十九　爲兩國之禮制

四十卷　許奉使行程録

此書《四庫》著録，惟清時删改甚多耳，當以明本爲佳。此書多人疑爲後人僞作，因宋國不應稱大元而應稱元朝，故疑爲元初造。且其稱《大金國志》，不似亡國後之所作。但陳垣氏觀之，以爲經删改而非僞造，乃元、清兩度改删也。

當元修宋、遼、金三史時，〔二〕蘇天爵（河北人）有《三史質疑》，載於《滋溪文集》二十五卷，〔三〕有謂金《趙秉文文集》亦多回護，〔四〕應尋原本。以此證明此書爲改本。

《元史類編》四十二卷　邵遠平　康熙十八年己未博學宏詞

（所謂四朝别史之四朝者，即宋、遼、金、元之谓也。）

〔一〕「二」，鈔本原無，據墨筆校訂補。

〔二〕「金」下，鈔本原有「元」字，整理者校删。

〔三〕「溪」，鈔本原作「漢」，據硃筆校訂改。

〔四〕「秉」，鈔本原作「炳」；「亦多回護」，鈔本原作「多少諱漢」，據蘇天爵《滋溪文稿》卷二十五《三史質疑》改，中華書局一九九七年點校版。

邵遠平之高祖邵經邦，明嘉靖人，著有《宏簡録》，其意即欲續鄭樵《通志》，（即續其本紀、列傳。）續至宋。《元史類編》即《宏簡録》由元續起，故或名之《續宏簡録》。以其分類甚詳，故甚佳，然有時亦有因太碎而無從找起者。其異於正史者即此，只有類傳，無列傳也。

其分類計：

本紀：世紀——即元史無華文記載以前者，全外國之紀載，無年可紀，混而言之，曰世紀。

天王——元世祖以後者，有年可紀。

類傳：一、宰輔。

二、功臣：（一）開國功臣；（二）歸降、平宋；（三）平諸域。

三、侍從。

四、臺諫。

五、直諫。

六、庶官：（一）文臣；（二）循吏；（三）武職。

七、皇后公主。

八、系屬。

九、儒學。

十、文翰。

十一、旌德：（一）忠節；（二）孝義；（三）烈女。

十二、雜行。

吾人對其分類不能滿意，因太亂也。

其材料多現《元史》以外者，此其可貴點。

此書雙行小注甚多。

康熙時提倡學問之風已成，經李自成之亂，士大夫專搜集宋、明之經籍。顧嗣立欲作《元詩選》，〔一〕故開始搜集元代各家文集。朱彝尊欲作《明詩綜》，故亦開始搜集明代各家文集。

邵君此書自撰自注，〔二〕而注出處。其列傳人數較《元史》爲多，更校舊《元史》之事蹟而辯其遺誤，並注其出處。故吾輩可得見其史源，亦可以示吾人研究元史之方法也。且其引用書而現亡者甚多，故亦甚可貴也。

《四庫》未著録，亦未存目。（《四庫》著録之書均言其甚佳，未著録者而存目均貶之。）《元史類編》以多外國地名須改，故不著録；以其書佳無法貶之，故亦不存目。《四庫》别集中載有《戒庵詩存》，〔三〕存目十，故由此可得知，《四庫》得見《元史類編》而不載也。〔四〕

《新舊唐書合鈔》 二百六十卷 沈炳震 乾隆元年丙辰博學宏詞

此即以二《唐書》合攏之，其宗旨爲意求美善，無所適莫。自己著書本乎此固可，但此則爲合鈔者，且過加主觀，誠非是也。《唐書》本四百餘卷，今只觀此二百六十卷，换言之，亦約等《新》《舊唐書》，此佳點也。其本紀、列傳，以《舊唐書》爲底，《新書》之新材料爲注；志天文、五行、地理，〔五〕以《新書》爲正文，《新書》删掉《舊書》之材料爲注。此其作法也。

其病在多删除《新》《舊》兩書而不取，〔六〕卷數又與《新》《舊唐書》之卷數不同，故吾人不能只看此書而不看《新》《舊唐書》。若兼而讀之，則更費時，故尚不如僅讀《新》《舊唐書》爲較省時也，故此書無甚可取。〔七〕（最佳應以《舊書》一部或全部爲主，而以《新唐書》之相當部分爲注，或以《新書》之某全部爲主，而以《舊書》爲注，卷數不動，唯每卷分上下而已。）〔八〕

〔一〕「嗣立」，鈔本原作「志勵」，據硃筆校訂改。
〔二〕「撰」，鈔本原作「傳」，整理者校改。
〔三〕「集」，鈔本原作「籍」，據永瑢等《四庫全書總目》卷一八三集部别集類存目一〇《戒菴詩存提要》改。
〔四〕鈔本此段上有硃筆眉批：「此上五書稱四朝别史。」
〔五〕「志」下，鈔本原有「一」字，整理者校删。
〔六〕「取」下，鈔本原有「而」字，據硃筆校訂删。
〔七〕「此」，鈔本原作「其」，據硃筆校訂改。
〔八〕鈔本此段上有硃筆眉批：「可作《新舊唐書合注》。」

其佳點爲可以得見《新書》所增加之新材料，故只可以爲工具書。《四庫》未著録，亦未存目。然以《四庫》别集類存目十二有沈君之《蠶桑樂府》，〔一〕故當時人見此書。《四庫》於《新》《舊唐書》之考證多引用沈君語，惟未採載，未悉何故。

《尚史》七十卷　李鍇　《四庫》本百七卷

李鍇與沈同時，爲遼陽漢軍旗人，亦爲博學宏詞。

此書爲自有史以來至秦止，以接《漢書》，其意欲廢《史記》而代之。其材料完全用馬驌《繹史》爲底，而加以剪裁，即將紀事本末體改爲紀傳體而已。〔二〕用集句之法，並各條而列之，注明出處，多爲《繹史》上所引用者。故此書無甚佳點，以其材料無可取，作工具書亦不足用也。《四庫》著録。

《四庫》之所以著録者，蓋《四庫》中有所謂銷毀（爲反對清朝者）、抽毀（即内中有一二篇不利於清者）、扣除（即乾隆五十年時，將已載入《四庫》而查得仍有反對者扣除之）。《簡明目録》無《尚史》，四十七年之《目録》載之。《四庫書目略》即將《簡明目録》與《提要》之不同處説明。扣除之後，書箱内之所空處，小者用紙、大者用書填好。當時曾將李清之《南北史合注》扣除，而適逢《尚史》卷數大致相同，故將《尚史》取而補《南北史合注》之空箱，〔三〕故《四庫》書目先載而後又扣除之。

載記類（出於《晉書》之末，謂之載記。）

《十六國春秋》百卷　後魏崔鴻　萬曆刊本　屠喬孫、項琳之合訂（亦名之曰屠本，或謂之百卷本。）

《隋書·經籍志》著録，兩《唐書》著録爲一百二十卷。《太平御覽》常引用之，可知此書北宋時尚存。《崇文總目》《書録解題》

〔一〕「集」，鈔本原作「籍」，據硃筆校訂改。「蠶桑樂府」，鈔本原作「戒庵詩存」，據永瑢等《四庫全書總目》卷一八五集部别集類存目一二《蠶桑樂府提要》改。
〔二〕「紀」下，鈔本原有「録」字，據硃筆校訂删。「傳」，鈔本原作「列」，據硃筆校訂改。
〔三〕「空箱」，鈔本原作「箱空」，據硃筆校訂乙正。

均無此書，而至萬曆喬孫氏始忽刊之，故多謂之僞也。（北朝書留至今者，僅魏收之《魏書》，此外即《十六國春秋》，《魏書》亦中缺。）《四庫》謂崔鴻爲北朝人，〔一〕而此書用晉紀年，〔二〕故甚異之。

《史通·探賾篇》謂：

一、崔鴻作此書，不應以晉紀年。〔三〕

二、《魏書·崔鴻傳》云，此書有贊有序，今本無之。〔四〕

三、《史通·表歷篇》云，鴻書有表，今本無之。

吾人細思，《四庫》對此書所舉可疑之點，亦未然也。蓋一、〔五〕二、彼即作一百卷之書，《史通·探賾篇》可見，豈《表歷篇》未見耶？

清代有所謂輯佚之學者，（清學承萬曆之學，特擴大之而已。）屠、項二氏即作此輯佚之工作，由各書中引用此原書之篇句，輯出而成一百卷。陳垣氏以爲，此書謂之亂則可，倘謂爲僞，則過非也。此書病在輯出此書而不注出處，惟對原句稍加剪裁而已。《四庫》亦或悉此，故曰：「……然其文皆聯綴古書，非由杜撰。」〔六〕

《十六國春秋》一百卷　安徽巡撫採進本

舊本題魏崔鴻撰，實則明嘉興屠喬孫、項琳之僞本也。鴻作《十六國春秋》一百二卷，見《魏書》本傳。《隋志》《唐志》皆著録，宋初李昉等作《太平御覽》猶引之，《崇文總目》始佚其名，晁、陳諸家書目亦皆不載，是亡於北宋也。萬曆以後，

〔一〕「朝」，鈔本原作「宋」，據硃筆校訂改。

〔二〕「用」，鈔本原作「田」，據硃筆校訂改。

〔三〕「以」，鈔本原無，據硃筆校訂補。

〔四〕「今」上，鈔本原有「何」字，據硃筆校訂删；以下徑删，不再注明。

〔五〕「一」下，鈔本疑有脱誤。

〔六〕按：自「出而成一百卷」至「非由杜撰」，鈔本原錯簡於《四庫提要》之下，整理者調正文序。

此本忽出，莫知其所自來。證以《藝文類聚》諸書所引，一一相同，遂行於世。論者或疑鴻身仕北朝，而仍用晉、宋年號。今考劉知幾《史通·探賾篇》曰：「鴻書之紀綱皆以晉爲主，亦猶班《書》之載吴、項，必繫漢年；陳《志》之述孫、劉，皆宗魏世。」喬孫等正巧附斯義，〔一〕以售其欺，所摘者未中其疾。惟《魏書》載鴻子子元奏，稱「刊著越、燕、秦、夏、梁、蜀遺載，〔二〕爲之贊、序。」而此本無贊、序。〔三〕《史通·表歷篇》稱：「晉氏播遷，南據揚越；魏宗勃起，〔四〕北雄燕代。其間諸僞，〔五〕十有六家，不附正朔，自相君長。崔鴻著表，頗有甄明。」而此本無表。是則檢閱偶疏，失於彌縫耳。然其文皆聯綴古書，非由杜撰，考十六國之事者，固宜以是編爲總滙焉。（見《四庫提要》卷六十六史二十二本條。）

《四庫》之所以以此書爲僞之三點，吾人可校之：

一、其所以晉紀年者，因崔鴻原書以晉爲紀耳。

二、贊與序，或爲他書所未引，故非不知也，乃尋之不得也。

三、現本之所以無表者，亦非喬、項之不知也，特亦尋之未得也。

此萬曆本固非原書，但其所據皆本原料，故當未發見原書之前，此書亦暫可引用參閲，自不成問題矣。

《别本十六國春秋》十六卷　《漢魏叢書》本

此書在萬曆本以前，爲節本，「别本」爲《四庫》加增，以别前者也。

《崇文總目》有《十六國春秋略》二卷，未悉是否此書，或謂即《漢魏叢書》本。《通鑑考異》謂《十六國春秋鈔》，亦未悉是

〔一〕「斯」，鈔本原作「其」，據永瑢等《四庫全書總目》卷六六史部載記類《十六國春秋提要》改。

〔二〕「越」「梁」，魏收《魏書》卷六十七《崔子元傳》原作「趙」「涼」，中華書局一九七四年點校版。

〔三〕「而此本無贊序」，鈔本原無，據永瑢等《四庫全書總目》卷六六史部載記類《十六國春秋提要》補。

〔四〕「宗」，鈔本原作「宋」，據永瑢等《四庫全書總目》卷六六史部載記類《十六國春秋提要》改。

〔五〕「間」，鈔本原作「問」，據永瑢等《四庫全書總目》卷六六史部載記類《十六國春秋提要》改。

否《漢魏叢書》本。總之，此《别本十六國春秋》，無僞者。

清道光時，安徽黟縣湯球（黟縣地處靜鄉，嘉、道間多學者，湯君其一也。其師爲俞正燮、汪文臺，皆當時學界之大師。）當時大集其書，尤多六朝之古書，而對《漢魏叢書》本之《十六國春秋》加以考證，謂《隋書·經籍志》之「《十六國春秋》又《纂録》十卷」，故其認定後人以此十卷改以每事爲卷，因爲十六卷也。湯遂將《别本十六國春秋》改爲十卷，名之曰《十六國春秋纂録》十卷。（廣雅刊，署湯球校。但未成，參考時，當以《漢魏叢書》本爲佳。）

《十六國春秋輯補》百卷　湯球　廣雅刊

此書據湯云，以《纂録》爲底，再由各書集之而成，實非由萬曆本爲底也。故湯氏之書，實爲屠、項二氏之書，特先尋其材料之來源而後利用之，故此書爲有本之學，可引用之。湯氏尚補有年表。〔一〕（但吾人引用此書之材料時，〔二〕當再尋其材料之根本原書而引用之，則尤佳。）

湯球更著：

《九家舊晉書》三十七卷，廣雅本。

《十八家霸史》十八卷，又名《三十國春秋》。

以上俱爲載記類。

馬令《南唐書》三十卷　通行本七八種之多

馬端臨《文獻通考·經籍考》著録，《四庫》著録。

〔一〕「表」下，鈔本原有「一只」二字，據硃筆校訂删。
〔二〕「人」，鈔本原無，整理者校補。

此書專作南唐部分，故研究金陵者，此佳良之參考書也。

因陸游亦著《南唐書》，故以此名别之。

因南唐地要而小，且爲南方文化之中心，故集材甚雜，而對史話亦引之。卷數太碎，編法未善，可作南唐之材料書。彼仿歐陽修之書法，文中多「嗚呼」等字。

《南唐書》宋代有三部著作，除陸、馬外，尚有胡恢《南唐書》。關於六朝爲南系，五代爲北系，故此種著作爲南派。

陸游《南唐書》十八卷（與馬令《南唐書》同）

陸氏此書，以馬令《書》爲底，再以其精善生花之妙筆加以剪裁，世人利之。刊本多，與馬令《書》合通行。

此書對南唐之三主皆有本紀，馬令《書》則仿《三國志》稱蜀之法。

《陸放翁全集》内亦有此書。

《南唐書箋注》十八卷　周在浚

周在浚，清康熙人，周亮工之子也。河南開封祥符縣人。此書成於康熙三十四年。此書即以陸氏《書》加以箋注。

李清字映碧，作《南北史合注》，〔一〕後又做《南唐書合訂》二十五卷，《四庫》先著録，後亦扣除。李氏《南唐書》，以馬、陸二氏《書》合之，改造《南唐書合訂》，亦兩不討好。周在浚甚不爲然，於是立志作此書。作法善，仿《三國志注》，因其家藏書多，故作之易。

周亮工爲當時之大藏書家。彼在獄時曾作《書影》，〔二〕即背誦記彼家所藏書。《四庫》多引此書，僅曰《書影》，未書周名，將「周亮工」三字之空格，用「因樹屋」補之。

〔一〕「注」，鈔本原作「鈔」，據《四庫撤燬書提要·南北史合注》改，載永瑢等《四庫全書總目》附録。

〔二〕「獄」，鈔本原作「嶽」，整理者校改。

周君以爲《南唐書》，關於《徐騎省（徐鉉）文集》《册府元龜》《玉海》等最重要之書俱未見，且因《册府元龜》引用之《五代史》，俱用《舊五代史》，一旦省之，奚可得哉，故更做《箋注》。

元人趙世延作《金陵志》，得陸氏《書》之原稿印行，故陸氏《書》有趙序，因之趙集有關金陵之材料甚多。金陵者，南唐之都城也。周君遂將其關南唐後之材料，俱行加入《南唐書箋注》。書作十六年。此書善，苦無傳本耳。至民四，嘉業堂始印行。周君之注法，習見者不注也。後又欲注《五代史》，因朱彝尊欲作之，故周將材料交朱而罷，但朱亦未成。

《南唐書注》十八卷　湯運泰　上海青浦人

此書嘉慶二十五年著，道光二年刊。

此書所謂十八卷者，即注陸氏《南唐書》也。但周書亦或名之謂《南唐書注》，故吾人分別此二種，必於書名前亦加以姓氏。作法與周氏者同，即用裴松之注《三國志》法。湯氏當時未見周氏《書》，因當時周氏《書》未出。周氏以家藏淵博，故材料富足。因湯生於乾隆之後，較周爲晚，故可見《永樂大典》與《四庫提要》，故其材料有所憑藉。而湯氏尚有未見之材料，而周氏見之，故兩氏之書各有特長。周氏之《書》十六年成，湯氏《書》用六年即作成。湯氏謂其材料上取自國典朝章，至於滑稽小説、神鬼故事，無逸不收，〔一〕無奇不録。

湯氏雖刻而甚不易求。

湯《書》之缺點：

一、宋陸放翁之《書》，宋本爲十五卷或十六卷，而今本爲十八卷，故宋本是否缺末二卷，〔二〕或其分卷法不同，當未可考。而湯氏即確信古本爲十六卷，而將現存之末二卷不録。《南唐書》后妃、諸王本在十六卷，湯氏改在第四卷。〔三〕蓋其以爲歷來作史，

〔一〕「逸」，鈔本原作「異」，據湯運泰《南唐書注·凡例》改，清道光二年緑籖山房刊本，版本下同，不再注明。
〔二〕「宋」，鈔本原作「現」，整理者校改。
〔三〕「四」，鈔本原作「六」，據湯運泰《南唐書注·目録》改。

素首爲本紀，次爲后妃、諸王，而現本置於末，故前改之，因此其書即全部錯亂。（湯君未見原《南唐書》也。）故吾人用此書甚感不便。今湯學裴而背裴，非是也。雖其自認據原書，但其未見宋本之原書也。

（注書之法，第一不可改所注書之次序，惟注解而已。發現誤成可疑者，可按唐之義疏派「疏不破注」之法，彼誤自己亦誤，否則不作。或按裴松之一派，即覺錯可於注中説明，萬不可任意移改原書也。）〔一〕

二、湯《書》之次病——現本《南唐書》第十七之《雜藝方士節義列傳》，〔二〕湯君以爲不然，改爲「節義雜藝方士列傳」，亦非是也。

傳本甚少，《四庫》不著録。

《南唐書補注》十八卷　劉承幹（嘉業堂主人）　民國四年刻成

此書非劉翰怡先生自作，而爲請他人替作。

劉氏得見周氏稿本之後，又得到湯氏之《書》，以周氏《書》爲稿底，而以湯氏《書》校對之。凡湯氏所引爲周《書》所無之者取之，並去二家相同之處，即成書，名之謂《南唐書補注》，是太易也。此書應以湯氏所有周氏所無，將湯氏之各條補於周氏各段之下，似比較良也。總之，補注應補於原書之後，不應獨立名目也。

《十國春秋》百十四卷　吴任臣（載記類）

吴君爲康熙十八年己未博學宏詞。清代共舉二次博學宏詞，一在己未，一在丙辰。

康熙初年，此書爲四大奇書之一。（四大奇書，即馬氏《繹史》《方輿紀要》《南北史合注》及此書。〔三〕）

〔一〕鈔本此段上有硃筆眉批：「注書之法。」

〔二〕「義」，鈔本原無，據湯運泰《南唐書注·目録》補。

〔三〕「南北史合注」，鈔本原作「十國春秋」，據硃筆校訂改。

十國之名，始於歐陽修之《新五代史》後之十國世家，惟寥寥數卷。吴氏以之擴大材料，而成百十四卷，集各書關十國之材料，按國分類。此書計：本紀二十卷、世家二十二卷，餘均爲列傳。列傳内有一千二百八十二人，故每人立傳，往往一傳僅數行而已。吴氏自謂，其書引書有數百餘種，而陳垣就其所舉書目數之，僅一百五十六種。此或其以有特别之材料，即關於當時之碑刻金石，集之甚多，每碑爲一種，此之謂也。但其材料可謂善，文亦佳美。

此書亦有英雄欺人之事，是其病焉。如其所引書有當時確亡者，而引用書目列之，似大言欺人也。如《徐騎省（鉉）集》爲當時絶無者，〔一〕而吴氏列之引之，而於徐鉉之事蹟又甚忽略，故彼或未之見也。又引《舊五代史》，名列薛居正《舊五代史》，而現今之《舊五代史》，爲清邵晉涵先生自《永樂大典》内輯出，而薛氏原本至今未見。故其所云，亦欺人之談也。

此書雖自云句句皆有所據，但彼俱未注出處，僅於書首列引用書目，此大病也。既未逐條注明，而每卷之後亦無引用書名，故雖云引數百種，究未可靠也。

作書之法有下列四種：〔二〕

一、《繹史》派與《日下舊聞》派，即凡引用之材料，逐條列下，如物理作用。

二、國史儒林派，即創自阮文達公，即不用噫而採用各家之成句而成書，〔三〕句句注出處，蓋爲避免一切之請托與惡感也。〔四〕惟亦太過，如某某字、某某地人也亦注出處，史家不應如是。

三、《疇人傳》派（阮元），〔五〕引用材料未逐句注明，而每傳末注明其引用之書目。

四、《十國春秋》派。此派已成過去，未可採用。

此上四種，以一、三派爲佳，第二派太碎，第四派根本未可存在。乾隆甲戌，王鳴盛西莊先生之《十七史商榷》，内有批評

〔一〕「絶」，鈔本原作「決」，整理者校改。
〔二〕鈔本此句上有硃筆眉批：「作書之法。」
〔三〕「噫」，鈔本此字疑误，似當作「己意」。
〔四〕「請」，鈔本原作「情」，整理者校改。
〔五〕「元」下，鈔本原有「钊」字，整理者校删。

《十國春秋》一段：惠棟（字定宇）、戴震（字東原）告余曰，學不在博而在精。今吴氏以博學名時而不精。陳垣氏評此書博專而不精。

吴氏書末有五表，甚負盛名，〔一〕爲其作書之工具。計：《紀元表》《世系表》《地理表》《藩鎮表》《百官表》。

《南漢書》十八卷　梁廷枏　廣東順德人

《藤花亭十種》即梁氏所作，《南漢書》其中之一也。

《十國春秋》關於南漢者九卷，因多漏多誤，梁氏因而發奮改造之，即取《十國春秋》之關南漢者，擴大之成《南漢書》。道光九年書始作成。《南漢書》之長處，即見長於金石方面之材料。此書作成後，又逐卷作《考異》一卷，仿《通鑑考異》體。（《考異》爲單獨，而不附於《南漢書》中。）

其採取材料之方法有三：一、事同則採其古；二、事異則採其詳；三、所不可通者，加以考證，務求必當。

五代約五十四年，〔二〕而南漢僅二十餘年。〔三〕梁氏爲廣東人，故搜求材料較易，而其長處即除（南漢）廣東材料外，又集四外史料甚多。

《南漢叢録》二卷　梁廷枏

此皆片段之文字，因置入列傳内之文章不便，故成此書。

一卷爲詩，二卷爲文，第四卷爲外人與南漢之外國公文。〔四〕

〔一〕「盛」，鈔本原作「甚」，整理者校改。
〔二〕「五代」，鈔本原作「南漢」，據墨筆校訂改。
〔三〕「漢」，鈔本原無，據墨筆校訂補。
〔四〕按：「一卷爲詩」等語，非云《南漢叢録》，當指梁廷枏《南漢文字略》四卷。此處，鈔本疑有脱誤。

《高麗史》　一百三十九卷　鄭麟趾　朝鮮人（此書爲官書）

本爲一百四十卷，因第一卷世系爲卷首，故其名之第一卷，實自二卷起。

明景泰二年進貢到明，鄭氏曾來中國爲使臣。

《高麗史》起於西曆九百一十八，爲中國五代之梁貞明四年，至明洪武二十四年，即西曆一千三百九十一始亡，共爲四百七十四年，三十四代。此爲王氏專政，此後即改爲李氏。因其所載之材料，有關於中國之事蹟而中國無記載者，故治宋、遼、金、元、明初之史者，《高麗史》當爲甚重要之書也。

此書之組織，計：世家四十六卷、志三十九卷、表二卷、列傳五十卷、目録二卷。其《樂志》所載之歌詞，完全爲宋徽宗贈高麗之樂譜詩歌。《輿服志》内講蒙古入主中原之後剃頭，而高麗亦曾一度剃頭，名之曰開剃。《高麗史》謂剃頭至額，方其形，留髮其中，謂之開剃。忠烈王四年二月，命境内皆服上國衣冠，開剃。元至元十五年，〔一〕即高麗忠烈王四年。元順帝北走之後，元與其關係尚未斷絶，故稱元爲北元。洪武三年，元人追賜順帝爲元惠帝，年號至正，其子爲宣光帝，即元昭宗，年號爲宣光也。

此書作法與中國史作法相同，惟無本紀而稱之曰世家。《四庫》入載記類存目中，言《高麗史》二卷，此爲殘本，爲世系與后妃傳。朱竹垞先生之《曝書亭集》内《高麗史》之跋，甚誇其體例。〔二〕北平圖書館有《高麗史》寫本。

《朝鮮實録》　一千三百九十二——一千九百一十　又稱《李朝實録》　一千七百零六卷、附録十卷

（治明清史者，必當參考。）

時代繼《高麗史》，自一千三百九十二起（洪武二十五年），至清宣統二年亡，即西曆一千九百一十也。中間二十七代，五百十九年，相當明、清二代。書用漢文成。昔無人利用過，現由朝鮮影印，非賣品。中國費九牛二虎之力，現僅得一部，存北平圖書館，爲極新材料。

〔一〕「至」，鈔本原作「紀」，據硃筆校訂改。

〔二〕「誇」，鈔本原作「跨」，整理者校改。

此書有一千七百零六卷、附録十卷，有八百四十八册，厚册。

此照《明實録》之作法，爲編年體，有大臣之傳。

此書本爲一代一代之實録，本有二十七代，但有二十八種，因有重修者並存。其最末之王，李太王父子二代無實録，以前者俱全。同治二年，因李太王流落日本，故光緒以後者即無之。

中人與朝鮮無關者，此亦多記之。將此書關於中國之材料俱抄之，亦甚善。

實　録	卷　數	册　數	相當之中國年號
太祖實録	一五	三	洪武二十五年
定宗	六	一	建文元年
太宗	三六	一六	建文三年
世宗	一六三	六七	永樂十六年
文宗	一九	六	景泰元年
端宗	一四、附一	六	景泰三年
世祖	四九	一八	景泰六年
睿宗	八	九	成化四年
成宗	二九七	四七	成化五年
燕山君日記	六三	一七	弘治七年
中宗	一〇五	五三	正德元年
仁宗	二	二	嘉靖二十四年

明宗	三四	二一	嘉靖二十四年
宣祖	二二一	一一六	隆慶元年
修正	四一	八	
光海君日記	一八七	六四	萬曆二十六年
仁祖	五〇	五〇	天啟三年
以上明代			
孝宗	二一、附一	二一	順治六年
顯宗	二二、附一	二三	順治十六年
改修	二八、附一	二九	
肅宗	六五	七三	康熙十三年
景宗	一五	七	康熙五十九年
修正	五	三	
英宗	一二七	八三	雍正二年〔一〕
正祖	五四、附二	五六	乾隆四十一年
純祖	三四、附二	三六	嘉慶五年
憲宗	一六、附一	九	道光十四年
哲宗	一五、附一	九	道光二十九年

〔一〕按：雍正二年，鈔本原錯簡於「修正五卷三册」行下，以至自「乾隆四十一年」至「道光二十九年」均錯簡前一行，整理者調正行序。

中國史學名著評論（釋文）第二學期

傳記類

以人爲單位者爲記，然《四庫》中則頗紛亂。吾人不論學文學史，須取前人集爲一榜樣，苟做到某人地步，又可再向上發展。

《名臣言行録》

前集十卷，五十五人，五朝，自太祖至英宗；〔一〕

後集十四卷，四十二人，神宗至徽宗三朝：宋朱熹撰。

續集八卷，二十九人，北宋末；

別集二十六卷，南宋四朝，高、孝、光、寧，六十五人；〔二〕

外集十七卷，三十八人，南宋道學名臣：宋李幼武撰。

此書編輯方法與目的甚可取法。朱子當時録名人，令後世取法。（内容專載宋代。）此書可視做模範傳記作品，其取材於當時之記傳、各家文集、行狀、墓誌等，〔三〕分類而録之，並注其出處。讀此書，可得見其作法。

或謂此書係朱子未作成之書。

〔一〕「英」，鈔本原作「真」，據墨筆校訂改。
〔二〕「人」，鈔本原作「年」，據墨筆校訂改。
〔三〕「行」，鈔本原作「引」，據硃筆校訂改。

以其採自各家文集，故内容多褒貶。又因其作此書之目的爲令後人取法，故所採者均爲足爲取法之人，是以只有褒無貶。且私人墓誌、行狀，多爲私人之子孫或下吏作，故有褒無貶，與官書有别，因官書有褒有貶也。但私家亦有有褒有貶者，則多爲説部，以其多恩怨，借以發洩也。最近所出沃丘仲子《近代名人小史》，則全爲藉褒貶以敲詐也。

此書之價值高於《宋史》，蓋在元人修《宋史》以前也。又《宋史》只籠統一傳，而《名臣言行録》則注明出處，亦較確切而有根據也。

《名臣碑傳琬琰集》百零七卷〔一〕　南宋杜大珪

《四庫》内有此書，北平圖書館又藏有半部（殘）。

朱子《名臣言行録》乃按朝代分，而此書乃按體裁分爲上、中、下三部：上部共二十七卷，爲神道碑之體裁；中部共五十五卷，爲墓誌、行狀之體裁；下部共二十五卷，則别傳體裁。自北宋至南宋高宗紹興爲止。此書注重碑傳，故有褒無貶，開後來碑傳一派。碑盛行於後漢，三國時曾禁止一次，於是子孫爲祖宗誇揚，乃有别傳之設（代碑）。迨後别傳體裁又不時髦，乃又有墓誌之設。（與碑不同，碑在外，誌在墓内。）故近代在洛陽發現北魏墓誌極多。總之，碑、别傳、墓誌，皆爲死者子孫或弟子作，皆有褒無貶者，然其人之世系則較官書爲可信。

杜大珪爲四川眉州人，〔二〕與李燾、李心傳同鄉，利用碑、别傳、墓誌爲材料，乃其時其地之一種風氣。（杜氏明白此點，則專輯此種材料而成此書。）乃將整個的材料録入，與《名臣言行録》之各段合成者不同。〔三〕

《唐才子傳》十卷　元辛文房

此書《四庫》亦著録，但只有八卷，故可知清代修《四庫》時，尚無全本，乃自《永樂大典》中輯出者。迨道光年間，在日

〔一〕「零七」，鈔本原作「七十」，據墨筆校訂改。
〔二〕「眉」，鈔本原作「梅」，據硃筆校訂改。
〔三〕鈔本此段上有硃筆眉批：「燕京大學印，删存六册。」

本發現全書，（在《佚存叢書》内。）共三百九十七人，《四庫》内只有二百八十七人。此書文章極好，西方人能作出好中國文章，真是難得。辛文房又能作詩，有《披沙（揀金）集》。此書乃以人爲主，而以詩話體裁爲之，其取材且旁及各家文集。此既以詩爲主，可謂爲一部唐代文學史。其批評各家頗爲得當，朱彝尊亦頗稱之，且其詩中常寓有批評各家語句。

《元朝名臣事略》 十五卷 元蘇天爵〔一〕

蘇氏爲北方之學者，（河北正定人。）元末修《宋》《遼》《金史》時，蘇氏亦爲其中之一份子。

此書之價值在《元史》之上。其作法仿朱子《名臣言行録》，其取材亦以人爲主，其人之事，或在别傳，或在墓誌，或在碑，總爲之組合焉。但此書除注出處外，並於其衝突處加以考證，附於本書之中，用李燾之法，非司馬光之法也。此法成爲現在作學問唯一方法。（阮元）《疇人傳》之方法亦佳，但尚不如此法方便也。（陳校長現又發明一種新方法，不久即可出版矣。）〔二〕

《皇明開國功臣事略》 卷數不明 錢謙益

《國初群雄事略》〔三〕 十二卷 錢謙益

錢氏可謂爲清代學問之開山祖。錢爲明代進士，雖降清，然極罵清，故清代極恨之，《四庫》關於其書，皆置入禁書内。

《皇明開國功臣事略》，吾人於《初學記》（錢氏文集）十八卷中，可以知其一二。錢氏兼用蘇天爵與李燾之體裁。其《國初群雄事略》，乃以人爲主，而以編年體作之者，較蘇氏更進步，不過尚不如陳校長之法。

以上各書，皆可謂之爲材料書。

〔一〕「十五卷」，鈔本原在「爵」字下，據鈔本體例調正文序。

〔二〕鈔本此段上有硃筆眉批：「作學問方法。」

〔三〕「國初」，鈔本原作「開國」，據陳垣《中國史學名著評論講稿》手稿圖版及整理稿改，載陳垣著、陳智超編《中國史學名著評論》，第一九九、二一八頁；以下徑改，不再注明。

《國朝（明）獻徵録》 百二十卷　焦竑　明萬曆人　萬曆刻本

《四庫》不著録，存目提到此書，《四庫》謂其博而不精。

此書以官分類，係屬創例也。其無官者，則以儒林、孝子等類分之。自洪武至嘉靖。所引均注出處。此書名之上，冠以「焦太史編輯」，即欲以廣銷路也。蓋焦竑當時甚負盛名。

一、《本朝京省人物考》，百五十卷，過庭訓，均天啟刻本。

二、《國朝列卿年表》，百三十九卷，雷禮，萬曆刻本。

三、《國朝列卿記》，百六十五卷，雷禮。

一爲工具書。此書以省分類。此書由實録鈔出最多，因實録内多將一人之小傳裝入。其鈔出後，又按省分之。

二爲編年體，爲最好之工具書，以其便於檢查也。

三以官爲主，按年排之，亦良好之工具書也。

《碑傳集》 百六十卷　錢儀吉　道光時人　光緒時浙江書局爲刻本

此書學焦竑書，仍以官分類，由清初至嘉慶止。

此書書名經三次改訂，初名之曰《百家徵獻録》，後仿杜大珪書名，〔一〕改爲《碑傳集》。書録一千六百八十人，有列女三百八十餘人附於後。所採非作文章者之文，有五百六十餘家。目録之後，書前有作者記略，次第方法欠佳，且過於簡單。以刻版時排者提引不清，致不甚便於檢查也。

《續碑傳集》 八十六卷　繆荃孫　江寧書局刻（宣統元年刻）

此書爲接錢君書而作，由嘉慶至光緒。刻法如錢氏，亦不佳也。

〔一〕「仿」，鈔本原作「坊」，據硃筆校訂改。

《碑傳集補》　六十卷　閔爾昌（輔大國文教員）　燕大排印本

道光以後之人物，均可於此書中找出，甚便於檢查，佳參考書也。

《文獻徵存録》　十卷　錢林　咸豐年間刻成

此書專載學者、文人，材料較《漢學師承記》爲多。

此書病在不注出處，故不能引用。

《國朝先正事略》　六十卷　李元度　同治、光緒間刻成

此書以官與非官而分類，材料亦不少，文章雖華美，而不能用。

《國朝耆獻類徵初編》　四百八十四卷　李桓　光緒時刻　湖報

此書共七百二十餘卷。〔一〕

繆氏《續碑傳集》中，有批評此書之編輯無法而採取不精。若以適用論，此書則甚適用也：

一、以分類少，故便於查。

二、以人爲主，以單篇書之，以備將來之增益也。此其佳點。

三、此書雖係在清代所成，惟關於皇朝者不提引而只空格。此亦佳點也。

四、關於人，則不先敘其官職及其文章，而只先書其人名爲題目。此亦佳點也。

五、並於筆記中有關於某人之佚事，只取而輯之。亦佳點也。

〔一〕按：《國朝耆獻類徵初編》卷數，鈔本上文作「四百八十四卷」，與陳垣《中國史學名著評論講稿》手稿圖版同；下文作「七百二十餘卷」，與整理稿同；分載陳垣著、陳智超編《中國史學名著評論》，第一九九、二八頁。范希曾《書目答問補正》卷二史部傳記類，著録該書「七百二十卷」。

書爲三百册，而有姓名通檢十卷，故書雖繁，亦尚便檢查也。

《清史列傳》八十卷　中華書局排印本　民國十八

《清史稿列傳》三百十五卷　民國十六　商務印書館，旋以價昂，政府禁止之。

此二書不同，前者爲清史館之稿，後者乃原稿删改增訂而成，故《清史列傳》較詳而傳少，而《清史稿列傳》則較多而甚略也。道光以前之列傳，均可以在《耆獻類徵》内得見。

《清史稿》共五百三十六卷。

《清史稿》在關外印者，有張勳及康有爲兩傳，而關内者則無，但將第一卷分爲二卷。

《清史稿》因不用科學方法，致遺漏不少。其最著者，如杭世駿（大宗先生）、朱筠（竹君，提倡由《永樂大典》輯《四庫》書者）、翁方綱（號覃溪，〔一〕大金石家，善書法）。

此種大著作，應首作一姓名通檢，以便檢查，不致遺漏也。《北平圖書館月刊》第六卷，載有《清史傳目通檢》一表，甚便於查，爲北大孟森作。孟書，陳垣氏謂有小病。

凡一大著，率有總卷數與子卷數。《四庫》總卷二百，《四庫》書口有子卷數，如經部何類等，即子卷。吾人應用子卷，因如提《四庫》總卷若干卷，絶不知其内容，如用子卷，當知屬何類何卷，一目瞭然也。故書凡總卷與子卷二者俱備者，當引子卷也。而《清史稿》之子卷數爲三百十五卷。《清史稿》之書目無總卷數，僅有子卷，其總卷數在書内，而以本紀、列傳、志三者分，各自一卷始。故編列傳通檢，應按列傳之子卷，但孟君竟用總卷編之，故利用之難。彼故又製一表，述明總卷相當子卷之何部，如此白費手續，何如直以子卷作表也。

〔一〕「號」，原作「字」，整理者校改。

《明儒學案》 六十二卷 黄宗羲

普通所謂列記，多述其人之一生事，而《明儒學案》則不重事蹟，而只重其人之學術主張與其思想也。

此書之作法，盡取法於佛教禪宗中之傳燈録派。此外尚有《宗門統要》，宋和尚道原著有《景德傳燈録》三十卷，永作禪宗。

此書（即《明儒學案》）在文學中爲創體，而在佛宗中爲模仿也。

此書之作：

一、其人之事略。

二、根據語録，將其學術思想提出。

三、訪清其學侶而查其學派。

四、述其弟子門人及學派之源流，門人之較著者，則另提出單論之。

《四庫》著録。

《宋元學案》 百卷 黄宗羲原本、全祖望修補 道光末年刻成

《四庫》以未得見，故未著録。其書之作法宗旨，均與《明儒學案》同。《明儒學案》之内容，分爲程朱派與陸王派（姚江派）二派，《宋元學案》則不然，因當時學派甚雜，故頭緒甚不易清晰。然其書中作有一表，以其學派之門人弟子盡成系統，故頭緒清，法甚佳也。

《宋元學案》之取材，亦與《明儒學案》同，均係取材於私家文集與語録中。

此書現存本，爲寧波王梓材先生於道光時補成者。

此書第九十六卷，爲述《元祐黨案》（司馬光等，北宋）；九十七卷，爲《慶元黨案》（朱熹等，南宋）；九十八卷，爲《（王）荆公新學略》；九十九卷，爲《蘇氏蜀學略》；百卷，爲《屏山鳴道集説略》（李純甫、趙秉文二家，均爲金朝人）。

此二書爲中國學術思想之代表。

《清儒學案》 徐東海世昌（爲其幕府代作而署徐名）

現尚未刻出，只有底稿，爲油印者。

此書名與前二書同，內容則異，以其書內不只載思想學術，〔一〕尚兼載他種科學於內也，如史學、天文等。

年譜：

年譜起於北宋，首創者爲北宋元祐黨之呂大防。呂君有：

《杜工部年譜》

《韓吏部文公集年譜》

其作年譜之起意，在其讀書方便而作也。呂後繼作者多，如：

《孔子編年》 五卷 宋胡仔

《陶靖節先生年譜》 宋吴仁傑（並作《兩漢書刊誤補遺》）

《山谷先生年譜》 三十卷 黄罃（黄山谷後裔） 南宋人

最近《適園叢書》刻成之。

〔一〕「載」，鈔本原作「在」，整理者校改。

《戚少保年譜》　十二卷　明戚祚國等（祚國，少保繼光之子也。）

《王荆公年譜考略》　二十五卷　蔡上翔　嘉慶刻本

中多辯論。燕大有排印本。

《蘇詩編年總案》　四十五卷　王文誥　杭州局本

《阿文成公年譜》　三十四卷　那彦成

阿文成即阿桂，乾隆旗人，那君其後也。

《阿文成公年譜》，〔一〕爲年譜中之最大者。

《曾文正公年譜》　十二卷　黎庶昌　貴州人（刻《古逸叢書》者）〔二〕

光緒時成書。此較那氏年譜，對太平天國之役，首尾事蹟甚完備。

《左文襄公年譜》　十卷　羅正鈞　湖南人　光緒時成書

以上所述爲年譜之最早及最大者。

模範年譜：

〔一〕「阿」，鈔本原作「那」，據墨筆校訂改。

〔二〕「刻」上，鈔本原有「故學派」三字，據墨筆校訂删。「逸」，鈔本原作「文」，據墨筆校訂改。

《昌黎先生年譜》一卷　顧嗣立　康熙時人

著有《元詩選》，甚負盛名。秀野草堂刻，《昌黎詩箋注》附刊本，康熙三十八年刻成。

此年譜之作法爲四層法，此法即顧君始。横式，第一層紀年，第二層時事，第三層出處，第四層詩。

此法甚佳，惜未能盛行，蓋以前無人提倡耳。吾人作年譜，當宗此法。凡一大文集，皆當以此法作一年譜，以便檢讀。但最難者即尋其人之生卒之日。甚至生卒日人有數説，當首考證而後定之。

《白香山年譜》一卷　汪立名

汪著《白香山詩集》四十卷，康熙四十二年成書，一隅草堂編，《白香山詩集》附刊本。

作法全仿《昌黎先生年譜》。

《全唐詩人年表》一卷　徐倬　康熙四十五年成書　《全唐詩録》本

《全唐詩録》較《全唐詩》早，《全唐詩》即以《全唐詩録》底本而成。此雖仿顧法，但顧君編之年譜乃一人者，此爲全唐之詩人，人數既多，法亦略異。〔一〕計此四層法，第一層紀年，第二層紀事，第三層詩，第四層附録。

《元遺山年譜》一卷　施國祁　浙江人　道光二年成書

尚作有《金史詳校》。〔二〕施注《元遺山詩》本，十六卷。元遺山即元好問，金末之大詩人。作法與韓、白兩年譜同。

施注《元遺山詩》甚佳。普通注詩，注典故，此則兼注本事。注本事之體始於李壁，〔三〕北宋人，李燾之子也。其注《王荆公

〔一〕「異」，鈔本原作「易」，整理者校改。
〔二〕「詳」，鈔本原無，據陳垣《中國史學名著評論講稿》《來新夏聽講筆記》補，載陳垣著、陳智超編《中國史學名著評論》，第一四、一三一頁。
〔三〕「壁」，鈔本原作「璧」，整理者校改。

詩》，即注其本事也，亦史學界之創體。

以上年譜，均以其體裁最佳也。

《董子年表》

《春秋繁露義證》七卷，蘇輿作，湖南本，並附有《董子年表》，光緒時作，宣統年刻。此亦仿顧氏之四層法，甚佳。用顧氏法者，約此五種。

《北平圖書館月刊》第三卷一號至五號，載有《年譜考略》，倘吾人欲作年譜，首當參考。

史鈔類

此種書早已有之，但史鈔之名實自《宋史·藝文志》始。

用途：一、便省覽與記憶；二、可爲類書，爲作文之料資也。

《四庫全書》史鈔類載有三種，均不甚佳。

作史鈔應分三步驟：〔一〕

一、見材料之有關者鈔之。

二、將已鈔者約略歸類，以備運用。

三、又可分二層：

（一）就所有材料分類組而成文，即以材爲主，自無成見。

（二）以自己之主意，利用驅遣所得之材料而爲文。

〔一〕鈔本此句上有硃筆眉批：「史鈔（摘録）三步驟。」

普通作史鈔者做到第一層之工作，較佳者做到第二步，如至第三層，則爲著作而非史鈔矣。

《四庫》著録之三書：

《兩漢博聞》　十二卷　楊侃　北宋人　粤雅堂本

以其讀《漢書》時，隨意將其有興趣者或新穎者提而鈔之，並加《漢書》之原注，次序同兩《漢書》，僅便其自己作文，甚無謂。但《四庫》之所以將其收入者，因楊君爲北宋人，其所見之《漢書》爲北宋本，故其鈔者與今本多異，以其時代居前，足以校今本之謬。

《通鑑總類》　二十卷　沈樞　浙江人　與袁樞號《通鑑》二樞

此書昔日甚負盛名，以類爲主。其分類法按《册府元龜》分之，共二百七十一門。《宋史·藝文志》著録，而附於《通鑑》之後。此書甚便檢查，可作類書讀之。

《通鑑類纂》　二十卷　松椿　旗人　清末人

取畢阮《續通鑑》、司馬光《通鑑》及夏燮之《明鑑》三書合作成，以其未及《通鑑總類》佳，故無甚名氣。

《南史識小録》《北史識小録》　各八卷　沈名蓀、朱昆田（朱彝尊之子）同編　均浙江人

此書無甚用，皆因朱彝尊情面之關係而入《四庫》也。

作法同《兩漢博聞》，惟《兩漢博聞》以特别名詞爲主，此書則以句之華麗者爲主，提鈔之，集成此書。爲《四庫》之最壞者。

《南北史捃華》　八卷　周嘉猷

乾隆四十餘年方成書，《四庫》未及著録。（《四庫》呈存人之書不著録。）

此書鈔集多句，分類而按《世説新語》原來之門類，成三十四門，亦即續《世説新語》之書也。

詔令奏議類

《新唐書·藝文志》起居注類有詔令。〔一〕

《兩漢詔令》　二十三卷

此書計分：西漢十二卷，〔二〕林虙，〔三〕北宋人；東漢十一卷，樓昉，南宋人。

此書《四庫》《書録解題》《通考》《宋志》俱著録。此書名氣甚大，然漢與宋相距千年，其材料究各出於何篇則未注明，唯僅將《漢書》詔令之成文者鈔集成之而已。非材料書，然亦非工具書，僅可曰模型書。此體亦自宋人始。此書版本，除宋本外，尚有《四庫》本。

嚴可均作《全上古三代秦漢六朝文》，法雖同，且逐條注明出處，較《兩漢詔令》爲佳。

《唐大詔令集》　百三十卷　宋宋敏求（大史學家，助歐陽做《新唐書》之第一位。）

此乃材料書，而非模型書。亦自兩《唐書》抄來，唯據《新書》者少，而《舊書》者多俱全。如仿前法，將《舊書》抄之，

〔一〕「令」下，鈔本原有「奏議」二字，據陳垣《中國史學名著評論講稿》手稿圖版及整理稿删，載陳垣著、陳智超編《中國史學名著評論》，第二〇〇、二九頁。

〔二〕「十二」，鈔本原作「十五」，據陳垣《中國史學名著評論講稿》手稿圖版及整理稿改，載陳垣著、陳智超編《中國史學名著評論》，第二〇一、二九頁。

〔三〕「虙」，鈔本原作「處」，據陳垣《中國史學名著評論講稿》手稿圖版及整理稿改，載陳垣著、陳智超編《中國史學名著評論》，第二〇一、二九頁。

則與《兩漢詔令》同差耳。此書除此材料外，又將當時實録之詔令抄加甚多。但唐實録現多亡，故此書亦有價值。

《四庫》著録，以前無刊本，現《適園叢書》據抄本刊此書，唯與《四庫》本全缺二十餘卷耳。

詔令以三十類分之，多例行文，〔一〕即册文，此可看當時文之體制，爲多駢體文也。而《新唐書》因不悦駢體文，故關於此體詔令多不用，不得不用者則爲散文。故欲覩當時詔令之真目，不得不讀此書。

《新唐書》八十二卷有《十一宗諸子傳》，代宗子有名曰嘉王運者，《新書》爲貞元十七年薨，〔二〕即西曆八〇一，與《新書·德宗紀》所云相同。在《文宗紀》云，開成三年薨，〔三〕即西曆八三八，與前説差三十餘年。諺云三占二爲然，則當以前説爲對。然就此書寶曆元年（西八二五〔四〕）《南郊赦文》二：「亞獻嘉王運，終獻循王遹，各賜物一百匹。」如此，則前説當絶誤，而後説或然也。此之謂廢物利用。

《雪樓集》（程文海）誥封三代文套甚佳，《元史氏族表》即利用之而成，亦廢物利用也。

《上諭内閣》百五十九卷　雍正時编

凡引用詔令時，引用年月，不可用其卷數也。

此書用途：全以雍正元年至十三年，故此書有二本。治近代史者，此等詔令掌故書甚要，尤其際此故宫檔案開放之時，非用此書作一基礎之智識，〔五〕無從看起。此書爲當時之綱領。

《上諭八旗》十三卷

〔一〕「例」，鈔本原作「立」，據墨筆校訂改。
〔二〕「爲」上，鈔本原有「之」字，據墨筆校訂删。
〔三〕「開」上，鈔本原有「其爲」二字，據墨筆校訂删。
〔四〕「五」，鈔本原作「八」，整理者校改。
〔五〕「基」，鈔本原作「甚」，據墨筆校訂改。

《上諭旗務議覆》 十二卷

此三者爲一書，卷數爲假，蓋其内無卷數之分耳。

《諭行旗務奏議》 十三卷

此三者雍正九年編起，續下，一種本爲滿文，一種本爲漢文。治清史，非看此書不可。

《上諭内閣》爲普通者，各事皆有。後三者專關八旗者：一、專爲上諭；二、上諭在前，議覆在後；三、奏議在前，上諭在後。

此等書，爲研究何以少數之滿人竟能統治漢人數百年之久之最佳材料，此亦爲研究民族精神之必要書。上諭内之文筆，如學辯論，最佳之模範，較《韓非子》《商君書》收效尤大。

《硃批諭旨》 三百六十卷（卷數亦假）

因雍正時作，故未書「雍正」二字。

此書共二百二十三人之奏摺，分十八函，每函六册，共一百零八册。有殿本、排印本，清時甚通行，因高等幕府學之。

陳垣氏在故宫，發現雍正硃批不録之諭旨六大箱，不便於當時發表者甚多，（即秘密者。〔一〕）現存平、滬未確。

《十朝聖訓》

清太祖至同治。按：清自太祖至宣統，共十二代。

〔一〕「秘密」，鈔本原作「密秘」，整理者乙正。

有殿版、大木版、小木版、排印、石印等本。

此皆爲詔令、上諭。凡一帝死，繼者即爲之編聖訓與實録，並行。

言——聖訓。　行——起居注：個人的，當時不令帝見。

實録：清實録對外不發表。

頭三種即太祖四卷、太宗六、世祖六。

此書乾隆以前者須全看。

奏議類：〔一〕

《陸宣公奏議》二十二卷　又名《翰苑集》　唐陸贄

此爲奏議類之最古者。《四庫》録於别集類。該書之版本甚多，但卷數不一，因各人之分法不同。此書於專制時代用之甚大，故版因多。

此書之所以通行也，不在其内容之懇切，或有涉及詩詞，而在其文體，駢文體，並爲論事之駢文體，與《史通》之文體相近。且此等皆非風花雪月之駢文，故唐及民初得大通行，政府之命令、詔令多用之，蓋亦例行文章也。

中國古文古籍皆不點句，故散文之不點句者頗艱閲讀，而詔令、奏議等爲便於閲讀，乃用駢體文，乃例行文章。又因爲祭文、哀詞等爲求音韻之美妙，而用駢文。

《陸氏奏議》於駢體文中多重複敘述，意味濃厚，故易引人注意。此又陸氏書盛行原因之一也。

《新唐書》不載駢體文，不得已時，乃將詔令之真面目改爲散文，惟於《陸宣公奏議》，竟録其十餘篇，其重要當可想見。《通

〔一〕按：奏議，在陳垣《中國史學名著評論講稿》中屬「詔令奏議」類，不單獨設類，與永瑢等《四庫全書總目》同，故整理本奏議不另立類；載陳垣著、陳智超編《中國史學名著評論》，第二九頁。

鑑》採《陸氏奏議》，竟至三十九篇之多。

此書有《十萬卷樓》本十五卷，〔一〕可讀之。又有《翰苑集注》本二十四卷，並附年譜，乾隆時刻，最佳本。

《曾文正公奏議》三十六卷　李鴻章等編　在《曾文正公全集》內

又有十卷本，乃曾弟子薛福成所編。

此爲史料書，太平天國關係者甚多。關於洪、楊本身之史料：一、洪、楊本身之佈告；二、私家記載；三、外國人之史料記載；四、清官府之記。（《曾公奏議》即屬此類。）

奏議爲當時之材料，較後來記載甚要。凡治一代，或某一地方，或一種制度，或一專案，最好能得當時之奏議。如治兩廣地方之事，最好得兩廣總督之奏議。《曾文正公奏議》因與史料有關，又爲古文家桐城派之人物，而其爲文，非一般桐派之淡薄所及，故享名尤甚。

曾公之《奏議》內，有《克服金陵奏章》云：「十數萬賊，無一降者，致聚衆自殲而不悔，誠古今未有之悍賊。」可見洪、楊之亂，必有甚嚴密之組織，能令人爲主義而死也。此實治太平天國者之最佳史料。

總集：

《國朝諸臣奏議》百五十卷　趙汝愚〔二〕　南宋孝宗慶元時

此書現甚艱得，自元迄明、清無刻本，只宋本。現北平圖書館藏有六部，然最多者僅百三十八卷，次爲百二十五卷。可爲材

〔一〕「十萬卷」，鈔本原無「卷」字，據墨筆校訂補。

〔二〕「汝」，鈔本原作「與」，據陳垣《中國史學名著評論講稿》手稿圖版及整理稿改，載陳垣著、陳智超編《中國史學名著評論》，第二〇一、三〇頁；以下徑改，不再注明。

料書。此書不易得，比《宋會要》有價值。《四庫》著録。

此書編制，朱子曾提意見，分人編制。〔一〕但趙汝愚未納，乃以類爲主，總諸臣之奏議而成。趙書以研究事故分十二類：一、君道；二、帝系；三、天道；四、百官；五、儒學；六、禮樂；七、賞刑；八、財賦；九、兵制；十、方域；十一、邊防；十二、總議。某人之奏議，俱注其人之生年月，當時居何官。

趙在國史館多年，乃由檔案選出此百五十卷，分類編纂，整個北宋之史料，政治等始末，一覽無餘，比宋時著作爲早。

《歷代名臣奏議》三百五十卷　明楊士奇等編

此爲明初永樂年間楊士奇等編，上起商、周，下至宋、元，奏議皆載之，分六十四門。〔二〕此書題目太廣，作法欠佳。

此書關於商、周之奏議，由《尚書》《左傳》等抄出。在商、周時，本無所謂奏議，而此書即各處抄來，當無價值。較佳者，唯南宋、元而已。然此書甚難得，〔三〕北平圖書館有一部。

《明臣奏議》二十卷　乾隆四十六年編　官書

此書材料不可靠。《四庫》著録，有聚珍本。

此乃欲暴露明之暴政，搜集明末諸臣互相攻擊暴露弊政之奏議編成，使人讀之，〔四〕不復有思明反清之思想。此法最爲毒辣。〔五〕此書乃皇子選材，又注此書不得不删改者，則又露此爲僞作，而非書録奏議之真目。

〔一〕「人」，鈔本原作「年」，據陳垣《中國史學名著評論講稿》手稿圖版及整理稿改，載陳垣著、陳智超編《中國史學名著評論》，第二〇一、三〇頁。

〔二〕「分」上，鈔本原有「内」字，據墨筆校訂删。

〔三〕「書」，鈔本原無，據墨筆校訂補。

〔四〕「使」上，鈔本原有「計」字，據墨筆校訂删。之，鈔本原無，據墨筆校訂補。

〔五〕「最」，鈔本原作「屬」，據墨筆校訂改。

地理類

《元和郡縣圖志》四十卷　唐李吉甫　趙州人

元和爲唐憲宗年號。李吉甫爲栖筠之子，李德裕之父。

此爲唐地理圖志書之留今者最早本，今代地方志體例多仿此書，猶《史記》之爲正史模型同。

《元和志》之圖，至宋亡佚，今本無圖。

此書今缺六卷，即缺一九、二〇、二三、二四、三五、三六等六卷，然五卷、十八卷、二十五卷亦殘缺不全。《四庫提要》謂二十六卷缺，爲誤，實三十五卷佚也。蓋此書爲裝訂五卷一本。〔一〕此書雖有遺失，價值甚高。

今之《四庫》本仍爲四十卷，乃將三十四卷分成四十卷，卷數雖全，而實缺六卷也。（聚珍本同此。）此法甚壞，蓋引用時卷數即生問題。《四庫》此種辦法，謂係仿宋代之《水經注》而成，此爲錯誤。蓋宋之《水經注》雖缺數卷，然爲翻印書賈營利之法，實爲不當。

今之《畿輔叢書》之《元和志》版本較佳。蓋李氏爲冀趙州人。《叢書》之印《元和志》也，由周夢棠引用孫星衍之岱南閣本校訂，〔二〕又有張駒賢考證，（張爲李同鄉。）故引用時，以此本爲佳。

內容、作法：此書分道、府州、縣三級記載：一、以府州爲單位，每府州記其沿革；二、再記其户口（實有户無口，乃以開元、元和間之户口比較）；三、記府州、縣之境界；四、四至八到；〔三〕五、言其貢賦（即物産）；六、言其所屬縣屬。每縣記載山川河流、古蹟名勝、阨塞等三項。

此書與杜佑之《通典》有同等價值，爲治唐代史地之參考書。

〔一〕「訂」，鈔本原作「釘」，整理者校改。

〔二〕「本」，鈔本原作「今」，據墨筆校訂改。

〔三〕「四至八到」，鈔本原作「四志八道」，據墨筆校訂改。

《太平寰宇記》 二百卷 宋樂史

此爲北宋樂史作，較《元和志》爲佳。

《四庫》著録皆百九十三卷，中缺一百十三卷至一百十九卷，共缺七卷。現江西有萬氏本及樂家祠堂本，〔一〕皆缺第四卷，共缺八卷，《四庫》之言誤也。

清光緒時，楊守敬（惺吾，鄂人。）隨黎庶昌爲駐日公使隨員時，在日本大購舊書。（中國舊書，因明治維新仿效西法，中書因以價低。見楊氏《日本訪書記》。）在官庫中見有《太平寰宇記》之殘本，内有百十三至百十八卷，楊氏乃借中國公使名義借得（二十五本）抄之。（内有百十四卷，後半亦缺。百十四卷缺半部，百十九尚缺，四卷亦缺，共缺二卷半。）後楊氏有《影宋本太平寰宇記補闕》，補録五卷半，故現僅缺二卷半也。

但湖南有陳運溶者，謂楊氏《補闕》爲僞造。時陳氏方作《太平寰宇記拾遺》七卷，費力甚多。及楊氏《補闕》出，陳氏空用力氣，大爲不滿，乃成《太平寰宇記辨僞》而公於世。陳氏《辨僞》乃據《輿地紀勝》而成，《太平寰宇記補闕》所缺之湖南部分，《輿地紀勝》亦缺，故陳謂楊乃抄《輿地紀勝》而成。又謂日本之本爲僞造，亦巧事也。《麓山精舍叢書》本有陳氏《辨僞》。

楊氏有《留真譜》（史部分），將日本之《寰宇記》殘本首尾兩頁影印之，〔二〕計證其所據也。〔三〕

湘人葉德輝有《書林清話》，（民六出版。）有「日本宋刻書不可靠」一段，詆楊氏之《補闕》爲僞。〔四〕

《北平圖書館善本書目》有一至三、五至七十四、七十八至二百本《寰宇記》，實則百十三至百十九仍缺，《書目》誤也。

内容、作法：此書乃太平興國時作，當時仍分十道，與《元和志》同。燕雲十六州已失，而書内仍載之。分道、州郡、縣三

〔一〕「祠」，鈔本原作「詞」，據硃筆校訂改。
〔二〕「頁」，鈔本原作「貫」，據墨筆校訂改。
〔三〕鈔本此句上有墨筆眉批：「《日本訪書志》及《留真譜》，據《守敬自撰年譜》，光緒辛丑始刻成。」
〔四〕「詆」，鈔本原作「祇」，據墨筆校訂改。

級記載，以每州郡爲單位：一、敘州郡之沿革；二、領縣之多少；三、州之境界；四、四至八到；〔一〕五、户（以開元之户與太平之户相較）；六、風俗（《元和志》無）；七、人物（《元和志》無）；八、土産（與《元和志》之貢賦同）。縣紀山川、古蹟、要塞三項。

材料較《元和志》豐富，更可引人入勝。

《元豐九域志》 十卷四本 王存等 北宋

官書。在地志中頗負盛名，蓋地名簡便，詳今略古也。

用處：爲簡明地理，而詳今略古，頗便實用，如今之袖珍地圖然。

内容：專載道里之遠近，而户口、土貢、鄉鎮（鄉鎮之著名者）、山川皆載之。〔二〕户口下兼載主、客户，爲其特點。

《四庫》頗美此書，然亦僅在當時有其價值也。且數目字不可靠，排列不清，易生錯誤，亦病焉。

《輿地紀勝》 二百卷 南宋王象之 浙江金華

王象之與王益之（作《西漢紀年》）爲史學世家。

《四庫》未著録。

道光末年始有刻本，乃甘泉（揚州）岑氏懼盈齋刻本，〔三〕據阮元《文選樓》本而刻。〔四〕阮氏文集有《四庫未收書目提要》，又名《揅經室外集》，又名《宛委别藏》。（存故宫善心殿。）民十三年始見此書，今商務將影印。《别藏》内有《輿地紀勝》，岑氏

〔一〕「四至八到」，鈔本原作「八道」，據《太平寰宇記》卷一校改，臺灣影印清文淵閣《四庫全書》本。
〔二〕「山川」，鈔本原作「川山」，據永瑢等《四庫全書總目》卷六八史部地理類一《元豐九域志提要》乙正。
〔三〕「揚」，鈔本原作「楊」，整理者校改。
〔四〕「元」，鈔本原作「之」，據硃筆校訂改。

書乃據之而成也。

此書亦有缺佚，岑氏本缺三十一卷。〔一〕

《明朝輿地碑記目》 四卷

《四庫》在目録類有著録。〔二〕著《四庫》時，以爲《輿地碑記目》，即《輿地紀勝》内之碑記之四卷，實誤，不知《碑記目》乃由《紀勝》二百卷内抽抄而來。而著《四庫目録》者，以爲《輿地紀勝》編法即如《碑記目》，分類實無，大誤也。《輿地碑記目》亦有缺佚，缺六州一郡，共爲七卷。〔三〕

内容：每府、州、軍、監，分十二子目：一、府州沿革；二、縣沿革；三、風俗形勝；〔四〕四、景物上（自然風景）；五、景物下（人工建築）；六、古蹟（有歷史性）；七、官吏（何人曾至此地作何官）；八、人物；九、道釋（神話中之名菩薩、道士、和尚）；十、碑記（金石）；十一、詩（關於該縣對於風景等所詠詩）；十二、四六，駢文四六句。

李燾之子李亶曾爲《紀勝》作序一篇。（燾次子爲李壁。）李言觀其書乃如身入其境，〔五〕各地方言等可閉户而知之。李言王象之書乃爲他人，而甘爲他人之詩料，偏重文藝詞章，故於好遊覽者相宜。

此書可補《宋史》中南宋史部分之缺略。

《讀史方輿紀要》 一百三十卷 顧祖禹

《四庫》未著録。《書目答問》列入子部兵家類，〔六〕因其書多述攻守方略。

〔一〕按：「岑氏本缺三十一卷」，鈔本原在「共爲七卷」句下，據文意調整文序。

〔二〕「類」「著」，鈔本原作「内」「紀」，據永瑢等《四庫全書總目》卷八六史部目録類二《輿地碑記目提要》改。

〔三〕「缺六州一郡共爲七卷」，此句疑有脱誤。按：王象之《輿地碑記目》凡缺茶陵軍、江陵府、封州、藤州、横州、廉州、宜州、吉陽軍、石泉軍、珍州、階州之碑記，共爲一府、七州、三軍；臺灣影印清文淵閣《四庫全書》本。

〔四〕「勝」，鈔本原作「勢」，據王象之《輿地紀勝》改，中華書局一九九二年影印版。

〔五〕「入」，鈔本原作「如」，整理者校改。

〔六〕「部」，鈔本原作「目」，據硃筆校訂改。

顧氏爲清初人（明末），作此書時爲二十九歲，成書時已五十歲矣。此書與梅文鼎《曆算全書》及李清之《南北史合注》，〔一〕爲清代三大奇書。〔二〕錢林《文獻徵存録》等書均有記載之事。

顧氏爲江蘇無錫人，（顧亭林同鄉。）乃世家子，因感亡國之恨，乃重地輿之學，計爲他人之寶鑑。然因貧，書多不能自備。然因與徐乾學相友善，徐氏之書，顧氏皆得看過，乃可成此書。

此書專述山川形勢險要，古今戰守，對古蹟、景物即無記載。此書本身文章甚佳，（學太史公《史記》《戰國策》之筆法。）書序作法尤佳。今坊間有《讀史方輿紀要序》十五篇單行本。此書之前九卷，别名爲《歷代州域形勢》，亦有單行本，文章極佳。

顧氏有一摯友，寧都魏禧叔子，亦爲《紀要》作序一篇。

此書之批評：志在談兵，長於文章而疏於考證。此書實非直取材於正史，直取於《通鑑》《通典》（《通鑑地理通釋》）。道光間，濟寧人許鴻盤《方輿考證》百卷，乃專糾正《讀史方輿紀要》之錯誤，而許氏對於《紀要》之兵家形勢之外，更涉及水利、河務、海防。然因乾燥無味，不能得一般人之賞識。且顧之錯誤，亦難免隨之復錯。〔三〕伊雖費力而無實無益，其稿無人刻出。直至民國二十二年，山東人始代刻出。

《紀要》版本甚多。

《天下郡國利病書》一百二十卷　顧炎武

此書無單行本，乃與《讀史方輿紀要》合刻。《四庫》未著録，因未完稿，僅刊於存目中。

此書之材料，多取自各府、州、縣地方志，及奏議、文集、明實録等，原文抄出，而顧氏無一句考證，且不注出處，亦無卷目，不能引用。

〔一〕「注」，鈔本原作「鈔」，據《四庫撤燬書提要·南北史合注》改，載永瑢等《四庫全書總目》附録。
〔二〕鈔本此句上有硃筆眉批：「清代三大奇書。」
〔三〕「難」，鈔本原作「雖」，據硃筆校訂改。

《水經注》四十卷　後魏酈道元　涿鹿人

此乃古今名著，價值同《史記》《國策》。

北朝之書留存現在者不滿六部，《水經注》即其一也。此外，魏收之《魏書》《洛陽伽藍記》《北齊書》等數種。〔一〕

酈道元，宣化府涿鹿縣人。此書乃分《水經》與注兩部份。《水經》舊説爲漢桑欽作，爲誤，因：一、《漢書·地理志》引用桑欽之言，與《水經》原文不同；二、酈道元《水經注》亦引桑欽語，曰《地理志》而不曰《水經》；〔二〕三、酈氏之序原文無《水經》爲桑氏作之語。〔三〕由上可證，《水經》非漢桑欽所作，當爲三國時曹魏朝代人之作品，因内有地名可證也。如稱廣漢爲廣魏，不稱晉寧而稱魏寧，再蜀有新立之漢嘉郡，而《水經》不承認漢嘉郡（因尊魏統）。又，吴置一始安郡，而用零陵郡。

源流：此書作於北朝，至唐初不甚重視，〔四〕如顔師古注《漢書》，〔五〕甚少引用。章懷太子注《後漢書》，亦甚少引用。司馬貞爲《史記》作《索隱》，亦少引用。唐杜佑作《通典》，亦不重視此書。至李善注《文選》，引用之。徐堅做《初學記》，乃略引之。歐陽詢作《藝文類聚》，亦略引之。至張守節作《史記正義》，乃多引用。（此唐尚未通行之證。）北宋初之樂史作《太平寰宇記》，乃大引用《水經注》矣。可知，此在北宋時乃大盛行。宋敏求作《長安志》，亦引用之。

現此書缺五卷，爲三十五卷。南宋王應麟、胡三省對此大加引用，然在當時即缺矣。因《崇文總目》即三十五卷。《太平寰宇記》内引之《水經注》，語爲四十卷尚全之本。由此可證，北宋時爲全本，至南宋時則已不全，此後傳者欠五卷。〔六〕而後則改刻，將三十五卷分爲四十卷，〔七〕此假數，不足信。此書有三種本：一、原書四十卷；二、三十五卷本；三、改刻之四十卷（卷數僞）。

〔一〕鈔本此段上有硃筆眉批：「北朝書留存現在者僅六部。」
〔二〕「志」，鈔本原無，據墨筆校訂補。
〔三〕鈔本此句上有硃筆眉批：「《水經》非漢桑欽作。」
〔四〕「重」，鈔本原作「注」，整理者校改。
〔五〕「顔」，鈔本原作「顧」，據硃筆校訂改。
〔六〕「此」下，鈔本原有「者」字，整理者校删。卷，鈔本原作「傳」，整理者校改。
〔七〕「五」，鈔本原無，整理者校補。

《元和志》引用之《水經注》，（爲四十卷本。）今已失佚。因唐代無過問，復經五代十國之亂，因致缺佚。

明時尤爲人注意。萬曆時，朱謀㙔箋校本名爲四十卷，實亦改本。（今所見之本，以此最早。）直至清時始有：

四、全祖望校《水經》；

三、趙一清校《水經》，趙成書於乾隆十九年；

戴震校《水經》：

一、《四庫》本（聚珍本）；

二、逸書本。

（號碼爲成書之先後，言此書發表之先後。）

全爲清初明末人，全氏校本有五校本、七校本，皆以朱本爲據。趙氏晚於全氏二十餘年，故可謂趙爲全氏晚輩。戴爲雍正時生人，又比趙晚二十餘年。現《四庫》本《水經注》亦係戴校本，因當時校此書尚未完，即被邀入《四庫》館，故此完成於《四庫》館，但未署戴名。乾、嘉時，趙、戴互相攻擊爲相襲，一時成爲學術上之大爭辯。光緒時，全校本刻出，大體與趙本相同。（全氏校本有五校本及七校本，爲稿本。）趙氏晚於全氏一輩，戴氏爲雍正時生人，又晚趙氏一輩。今之《四庫》《水經注》爲戴氏校本，將《永樂大典》本《水經注》收入之。《四庫》係武英殿聚珍本，《提要》謂此書據《大典》本，戴較全、趙本爲佳。後《戴氏遺書》刻出，與《四庫》本同，而不云據《大典》本，只云爲戴氏自校本。後於乾隆五十一年，趙一清之子在河南，得見畢秋帆氏，畢氏代爲刻出其父之書，其書與戴氏本完全相同，趙、戴互襲之問題生矣。至光緒十四年，寧波全祖望本刻出，〔一〕而其内容又與趙氏本相同，故又有全、趙相襲問題之爭辯。

按：全、趙二人友善，相襲當無問題。蓋趙氏用全氏之語皆注明，而全氏用趙氏之言即未注出。趙、戴問題，人多謂係戴襲趙本。因趙氏校之《水經注》皆有出處，而戴無之；凡趙本之錯誤及未考出者，戴氏亦仍之：由此可知，戴襲趙也。至《四庫》

〔一〕「本」，鈔本原無，整理者校補。

本謂係據《大典》本，而《永樂大典》本爲四十卷，（改後之四十卷。）然決非真四十卷也。因《太平寰宇記》及《輿地紀勝》所引《水經注》，有的地方《大典》亦無之。〔一〕由此可證明，《大典》本亦改後之四十卷本。然今之《大典》本尚存，傅增湘氏代東方圖書館購得《大典》本四卷，而高陽李宗侗氏亦有四本，如此合之而成八本之完璧《水經注》也。待將來涵芬樓影印後，當能解決此迷也。

一、經注混淆問題：

二、注中有注問題：（一）大小字問題；（二）小字雙行問題。

一項之《水經》與注不清。

二項《水經注》中仍有注，故有人云，大字爲原字，小字爲再注；而又有人云，小字雙行爲注中之注也。

《四庫》本《水經注》經頂格，注低一格。（注中注不能分明。）

戴氏以注中注雙行列之。

趙氏則經頂格，注水者低一格，因注水而涉及其他者又低一格。

王先謙之《水經注合校》本，價較廉，可用之。又有小本，亦可用之。《四部叢刊》本爲十二小册。〔二〕

內容：兼文學、考證之長，當精讀之。前人讀《水經注》，百人之中，爲讀其文章者百分之九十五，真爲其地理而讀之者，〔三〕則南朝人不重視北朝人之著作，如《昭明文選》六十卷，則無北朝人一篇文章，而《水經注》則頗多引用南朝人之著作。故此書引用至博，而文章優美，〔四〕頗爲一貫，使人讀之，不覺其爲引用他人之語也。

〔一〕「的」，鈔本原作「得」，整理者校改。
〔二〕「叢」，鈔本原作「从」，整理者校改；以下徑改，不再注明。
〔三〕「者」下，鈔本疑有脱文。
〔四〕「優」，鈔本原作「幽」，整理者校改。

讀《水經注》之法：《水經注》名爲講水，實則材料甚多。吾等可先讀一次，而再分類讀之。新會陳氏讀此之分類法：地名、人名、第宅、祠廟、塚墓、書目、碑目、故事、歌謠、怪異、動物、植物。

《洛陽伽藍記》五卷　東魏楊（羊）衒之

此書與《水經注》爲姊妹作品，此稍後於《水經注》，亦爲北朝名著之一。

《史通》用「羊」字，但《隋書·經籍志》作「楊衒之」，《四庫》本據《隋志》用「楊衒之」。〔一〕按：以「羊」爲對。

此書作時在北魏遷鄴以後，故楊氏之作爲追記而成。

此書計五卷，第一卷爲記城内，二卷記城外東城，三卷記城外南城，四卷記城外西城，五卷記城外北城。

當時洛陽城門爲十二，東、南皆三門，西四門，北二門。《四庫》言北爲三門，實誤；洛陽爲九門，尤誤。洛陽城東西二十里，南北十五里，當時户有十萬九千餘户，廟有一千三百六十七所。遷都後，餘四百二十一所。今《伽藍記》所言，僅五十五所：卷一記有十大廟、三小廟，卷二記有八大廟、六小廟，卷三記有六大廟、九小廟，卷四記有四大廟、二小廟，卷五記有二大廟，〔二〕附宋雲、惠生《使西域記》。（其價值已成爲作品。〔三〕）

此書内容因在講伽藍，而尚有言及其他者，如祠廟、宅第、人名、故事、歌謠、怪異、書目皆有記載，並有甚多《魏書》不見之材料，並因當時和尚遠來者甚多，〔四〕吾人從旁可知對外之情形。此書文章、作法亦佳，宜精讀。

此書版本甚多，現存者約十二、三種本。

版本問題：《史通·補注篇》謂，《伽藍記》内有子注。但《四庫》謂今本無注，而注之佚失當甚久矣。於此乃有綱目混淆問

〔一〕「衒」，鈔本原作「衍」，整理者校改。

〔二〕按：各卷大、小廟數合計，爲五十所，與上文「僅五十五所」不符。

〔三〕「爲」，鈔本原作「盡」，整理者校改。

〔四〕「時」，鈔本原無，據硃筆校訂補。

題。通常本第一行頂格，第二行即低一格。以每一大寺院爲單位，故有五十餘段。至道光時，浙江吴若準有校本，〔一〕頗著名。吴氏之校本，將《伽藍記》每段分其綱目，綱爲頂格，目爲低格。書前並用理想繪《洛陽圖》一幅，頗便閲讀，末附集證（即校勘記）。此書價甚貴，今之《古書叢刊》有此種影印本。

此書價值雖高，然亦有缺點，蓋每段字數太多（四五千字），閲讀亦感困難。如後人能再劃分段落排列之，則大爲便利也。

今之《伽藍記》版本：《漢魏叢書》二本、《津逮秘書》、《五朝小説》、《古今逸史》、《學津討原》、《真意堂》、《如隱堂》、《龍谿精舍》、〔二〕《玉簡齋》、《四部備要》、《古書叢刊》。

地方志類：〔三〕

地方志風氣之盛，不過因中外人士之提倡與注意，然爲期不過十餘年耳。專爲收藏方志者，最早爲上海徐家匯天主堂藏書樓，其次即爲美國國會圖書館，收羅亦夥，旋上海東方圖書館及北平圖書館。（京師圖書館由禮部而來。）此外，日本近年收藏中國地方志亦復不少。

方志書之優點：

一、本地人記本地之事，較爲切實，因所記載範圍較小，故不致太誤。

二、較爲詳密細膩。

方志之劣點：

一、某事根本謬誤，因鄉人傳説，而方志中往往引用之。若伍子胥廟訛爲伍紫鬚，杜甫之廟本爲杜拾遺（官名）廟，而後人竟訛爲杜十姨，因之使伍、杜二神像合爲一起，爲夫婦之神像，則荒唐之甚矣。

〔一〕「準」，鈔本原作「隼」，據硃筆校訂改。
〔二〕「谿」，鈔本原作「舍」，據《中國叢書綜録・總目》《龍谿精舍叢書》著録改。
〔三〕按：地方志，陳垣《中國史學名著評論講稿》地方志屬地理類，不單獨設類，與永瑢等《四庫全書總目》同，故整理本地方志不另立類；載陳垣著、陳智超編《中國史學名著評論》，第三二二頁。

二、縣人記載官制亦多錯誤。蓋多縣因人材少，而由縣吏告成。

利用縣志之真細，可補治正史之不足，然縣志記載錯誤亦復不少，故須加以限制而後可用。

志書之年號，如洪武雙志、萬曆雙志等年號，皆後人加入者。

縣志流傳至今者不下數千種，最早之縣志流傳至今者爲南宋。中國正史直爲政事，故考社會史事必求縣志，至經濟方面，縣志内僅有田賦一門。

《嘉定赤城志》[一] 四十卷 南宋陳耆卿 《台州叢書》本

「嘉定」二字，乃後人加入。《四庫》地理類著録。

内分十五門。卷三十七有風土門，多關台州風俗之敘述。内有李守謙《戒事魔詩》十首（摩尼教），乃攻擊摩尼教之詩。於此可知，當時該地摩尼教必甚盛行也。

《赤城志》只可翻閲，不必精讀。

《至順鎮江志》二十一卷 元俞希魯

《四庫》未收録，存目内無之，在阮元《揅經室外集》有此書。此書作法較《赤城志》尤佳。

此書刻成未久，元亡而版燬，故流傳不廣。阮元之文選樓收得此書之抄本，今存徐家匯天主堂藏書處。道光時，鹽商包氏（鎮江）有刻本。阮元有《寄包氏詩》，内云：「古籍待刊三十載，舊聞新見一千年。」然包氏本亦不易見，因洪、楊之亂，鎮江首當其衝，版本散失。然最近民國十二年，經鎮江人陳慶年刻出，故書易得矣。

此書因載基督教於元末傳入鎮江，俞氏記之甚詳，約三四卷之多，故《鎮江志》已成世界性之參考書。

[一]「志」，鈔本原作「記」，據永瑢等《四庫全書總目》卷六八史部地理類一《嘉定赤城志提要》改。

鎮江有大興國寺，（《鎮江志》卷九寺觀門有詳細記載。〔一〕）名爲普通寺觀，實則完全爲天主教之建築物也。建此廟時，值馬哥孛羅遊鎮江，〔二〕故馬氏《遊記》中，記鎮江有一廟，内有一大碑，（此碑之價值，與長安《景教碑》有同等價值。）實則指大興國寺也。《鎮江志》又有回教之記載，亦甚詳。此外，又有户口之統計，雖僅記鎮江一地，然分類記之，可知各類人之多寡矣。（如和尚、外國人……。）

《西湖遊覽志》二十四卷　《志餘》二十六卷〔三〕　明田汝成

《四庫》著録。

此書雖名《遊覽志》，實則頗多南宋掌故，材料甚豐，可補《宋史》南宋部分之不足。

此書不注出處，〔四〕但田氏所引之書，今多不存，故只可重視其書。

此書内亦載天主教事，然不詳。内有真教寺，即記回回教之事也。

此書易得，在《武林掌故叢編》内。此書……。〔五〕

《長安志》二十卷　宋宋敏求

《四庫》著録。

關於唐代之長安史料。此書於街巷之記載頗詳，若巷内之人物、廟宇等皆記入。如研究《景教碑》，當然參考此書，惟書中無「景教」字樣，只有大秦寺，即景教之寺觀也。

〔一〕「細」，鈔本原無，整理者校補。

〔二〕「孛」，鈔本原作「索」，據硃筆校訂改。

〔三〕「六」，鈔本原無，據陳垣《中國史學名著評論講稿》手稿圖版及整理稿補，載陳垣著、陳智超編《中國史學名著評論》，第二〇二、三四頁。

〔四〕「注」，鈔本原作「著」，整理者校改。

〔五〕「書」下，鈔本疑有脱文，以删節號標識。

《經訓堂叢書》内有此書。〔一〕

《佛國記》 一卷 姚秦釋法顯〔二〕 晉十六國時

《四庫》著録。《學津討原》《漢魏叢書》及普通叢書内多有之。

此又名《法顯傳》，或《法顯行傳》。商務有《佛遊天竺記考釋》，亦係考證該書。

此書外文譯本甚多，因外人於西伯利亞、新疆等地探險風氣大盛，故此類書得以盛行。

《佛國記》只一卷，不過千餘字，因文字之佳妙，得以流傳至今，並爲世界人士所重視，借以考察唐代交通事業。

《佛國記》年號之記載有誤，故後人乃多考證之。乾隆年間，《欽定西域圖志》十九卷，謂和闐（現改爲于闐。）自古以來即奉回回教。《四庫》據此謂，《佛國記》言和闐有伽藍十餘所，僧徒數萬，《四庫》謂爲誇大之言，實乃犯以今蓋古之病。殊不知回教之興，乃在唐時，姚秦在唐前約二百年。《四庫》實誤，殊爲可笑。

《大唐西域記》 十二卷 玄奘譯、辨機撰

《四庫》著録。十九世紀初年即有法文譯本，〔三〕爲世界著名之書。中國多數叢書内有之。此書記載印度情形頗詳，因印度不重史事，記載殊少，而此書之關印度史料特多，自有價值。

現普通流傳之《大唐西域記》本，〔四〕中間有五百十六字，内言永樂三年鄭和下西洋事，此爲後人摻入。《四庫》言有二百七十字爲後人加入，誤。

〔一〕「内」，鈔本原作「本」，整理者校改。「此書」下，鈔本原有「本」字，整理者校删。
〔二〕「法」，鈔本原作「德」，據墨筆校訂改。
〔三〕「有」，鈔本原無，據硃筆校訂補。
〔四〕「現」，鈔本原作「玩」，據硃筆校訂改。

高麗出之《西域記》本，較今傳本正確。

《往五天竺國傳》〔一〕 唐釋慧超 唐開元年間

此書無傳本。宋、元此書不存。光緒年間，燉煌石室發現寫本，惟首尾皆殘缺。今原書存巴黎，羅振玉之《敦煌遺書》及日本佛教會皆有此書。《日本佛教全書》内，有藤田豐八之《五天竺國傳箋釋》，（吾國請之日本老師。〔二〕）用漢文作，作法甚佳，已變成世界作品。

此書關於中央亞細亞及與中國之交通材料。大食國即阿拉伯，爲回教國，當時與中國往來之繁盛，於此書中多所記載。

《四庫》未著録。

《長春真人西遊記》二卷 李志常

長春真人即丘處機，白雲觀之祖師，爲道教祖師，乃王之弟子。〔三〕金人，九十餘歲没於元朝。元太祖成吉思汗聞其名，召之隨軍，曾到西域、中央亞細亞等地。此乃其弟子李志常隨丘去西方歸後所記，〔四〕關於去西域之道路、政治、風俗情形，大所記載，文詞優美。〔五〕

此書至明，無大聲價。乾隆時，在蘇州元妙觀尋出此書，《連筠簃遺書》内有之。此書文法頗通順，非似《西域記》等書之由外國文譯出詞句之難解也。

〔一〕「往」，鈔本原無，與陳垣《中國史學名著評論講稿》手稿圖版同，據《講稿》整理本補，分載陳垣著、陳智超編《中國史學名著評論》，第二〇三、三五頁。

〔二〕「吾」，鈔本原作「五」，整理者校改。

〔三〕「王」，鈔本原作「五」，整理者校改。按：丘處機爲道教祖師王重陽（王喆）弟子，「全真七子」之一。

〔四〕「此」下，鈔本原有「地」字，據硃筆校訂删。

〔五〕「優」，鈔本原作「幽」，整理者校改。

《四庫》未著録。

耶律楚材《西遊録》〔一〕

《四庫》未著録。

耶律楚材爲元太祖之中書令，與丘爲同時，不過丘爲老輩。然以地位論，楚材爲高；以當時之名氣論，則丘處機爲高也。當時真人到西域時，楚材隨軍，故亦得見面，並各以詩贈之。俟自西域返，二人感情漸惡。蓋丘真人爲道教，勢力頗大，且其弟子毁謗佛教，甚至强佔佛寺爲己有，種種不法，令人側目；而楚材信佛教，爲北京磚塔寺之主持萬松老人之弟子：是因信仰之不同，異端生焉。楚材此書多攻擊道教之語。

此書不易尋求。元末（《知不足齋叢書》内。）有盛如梓所作之《庶齋老學叢談》，〔二〕内有此書。光緒年間，國人對西北多加注意，故此書價值日增，並由《庶齋老學叢談》得見删本。粤人李文田於《聚學軒叢書》有《西遊録注》。（據《庶齋》本。）〔三〕民國十五年，日本神喜一郎於宫内省圖書館見楚材《西遊録》之抄本，乃照原刻本而抄者，内容較《庶齋》本多一半。（元時日本僧人到華，見楚材書之刻本，抄而攜之東歸。）《庶齋》本將《西遊録》中關於攻擊道家之處删去，〔四〕僅餘關於地理者。耶律楚材之子耶律鑄認爲，其父《西遊録》對道家攻擊，恐引起糾紛，實亦無意識之舉動，乃將燬版，書亦收回，因之外間求此不易。（此新會陳垣之新見解。）

此書與《至元辨僞録》皆載攻擊道教之文字，吾人如二書併得，則對當時佛道之爭全盤托出，明如指掌。〔五〕

〔一〕「西遊録」，鈔本原作「西遊記」，據陳垣《中國史學名著評論講稿》手稿圖版及整理稿改，分載陳垣著、陳智超編《中國史學名著評論》，第二〇四、三三五頁；以下徑改，不再注明。

〔二〕「庶」，鈔本原作「盛」，據硃筆校訂改。

〔三〕鈔本此段上有墨筆眉批：「民國十年，張相文撰《西遊録今注》，亦只據盛如梓本。」

〔四〕「關」，鈔本原作「國」，整理者校改。

〔五〕鈔本此段上有硃筆眉批：「宗教史（佛、道）重要史料。」

明萬曆時，張翼作《清賞編》，内引楚材《西遊録》之語，……本所見足本相同，〔一〕而與《庶齋老學叢談》之本不全同，可知在萬曆時，尚可見原本。

耶律楚材《湛然居士集》有《和人韻》，考即和丘處機之詩也。

劉郁《西使記》　元時人

《四庫》傳記類著録。劉郁隨元朝某大員使西域而作。

劉郁非真定人。《四庫》云爲真定人，實誤。（因當時尚有一劉郁，《元史·世祖紀》見之。）此劉郁實乃山西渾源人，〔二〕曾撰《歸潛志》（《知不足齋叢書》内有。）劉祁之弟也。〔三〕《四部叢刊》内有佳本，〔四〕即王惲《秋澗集》集内之《玉堂嘉話》有此書。王惲爲渾源人，有《劉氏墓誌銘》，謂劉郁爲渾源人，故可證劉郁之籍貫也。丁謙做《西域記》之考證，現已傳，亦言劉郁爲河北真定人，爲誤。

此書記西域之地理，兼述宗教之材料，又可知當時去西域之道路。

以上三書皆遊記體裁。

《島夷志略》　元汪大淵

《四庫》地理類著録。專述南洋各島國之事物。作法乃按圖記述，非遊記體。此書本不甚佳，但專述此種事物者缺，故此書之價值因之日高。

〔一〕「本」上，鈔本原有闕文，以删節號標識。
〔二〕「源」，鈔本原作「遠」，據墨筆校訂改。
〔三〕「歸」，鈔本原作「舊」，據墨筆校訂改。「劉」上，鈔本原有「彼乃」二字，據墨筆校訂删。
〔四〕「部」，鈔本原作「庫」，據墨筆校訂改。

《服知齋叢書》內有李文田、沈曾植校注本，頗佳。後日本人藤田豐八注出，較李、沈二氏所校注本爲尤佳，在羅振玉之《雪堂叢刻》內有之。

陳誠《使西域記》　明永樂時

《四庫》傳記類存目內有。

陳誠於永樂間出使西域，關於新疆東部哈密、吐魯番等地，在永樂間仍爲信佛教區，可於此書中尋得該項記載，同時可知回教之輸入新疆，定在永樂以後。

《學海類編》內有陳誠《使西域記》。

《瀛涯勝覽》一卷　明馬觀或馬歡〔一〕

《四庫》地理類存目中有。馬氏爲隨鄭和去西洋之人員。此書爲載南洋、印度洋地理之重要參考書。

廣州中山大學刊此本。《紀録彙編》內亦有此本，較佳。

《星槎勝覽》一卷　費信

此與《瀛涯勝覽》實爲一書。馬書文章欠佳，費氏删改馬書而成，文章雖佳，而材料則較少矣。

《四庫》存目内無此書，《學海類編》内有此書。較《馬哥孛羅遊記》早百餘年，〔二〕此等書近日頗被重視。

〔一〕「明」，鈔本原無，據硃筆校訂補。按：《瀛涯勝覽》作者，陳垣《中國史學名著評論講稿》手稿圖版作「馬觀」，與永瑢等《四庫全書總目》卷七八史部地理類存目七《瀛涯勝覽提要》、范希曾《書目答問補正》卷二史部地理類著録同；《講稿》整理本作「馬歡」，與《中國叢書綜録·總目》《記録彙編》著録同；分載陳垣著、陳智超編《中國史學名著評論》，第二〇四、三六頁。

〔二〕「早」上，鈔本原有「較」字，整理者校删。

《海國聞見録》二卷　清陳倫炯〔一〕

《四庫》著録。

陳氏爲雍正時間人，曾任總兵。關於沿海一帶之島嶼、地方狀況多記述之，並附《中國沿海形勢圖》一幅，記載頗詳。

《藝海珠塵》内有此書。

光緒三十四年，日本商人西澤佔廣東東沙島，〔二〕島在粵東惠來、海豐二縣之間。當時清政府與之抗爭，令南洋大臣徹查東沙島爲中國屬島之證據。〔三〕時有儒者陳慶年爲端方幕府，在《海國聞見録》内見有東沙島之記載，據此乃與日人交涉，日人無法拖賴，乃將東沙島復還中國。嘉慶年，英人約翰之《海道圖説》亦記此島，〔四〕然較陳倫炯之書，尚晚六十餘年。〔五〕

目録類

《漢書·藝文志》一卷　《漢書》三十卷

此爲今最要之目録學書，内容包括甚廣，敘論最佳。此書須精讀背誦，較《洛陽伽藍記》尤爲重要。

内容組織：按：劉向之《别録》及劉歆之《七略》皆不可見，除劉氏父子外，此書爲最早者。《别録》者，即讀一書作一批評也。劉歆以其父之《别録》分爲七類，是爲《七略》。《漢志》即一概以《七略》作成。或曰《漢志》即《七略》。《七略》雖不可見，吾人仍可於《漢志》中窺其一二，惟《漢志》僅六略耳。乃缺之一略，即《七略》中之總論，而《漢志》以其總論分置於各序論。

六略共有三十八段，加敘論等共爲四十五段，皆當背誦。

〔一〕「清」，鈔本原無，據硃筆校訂補。
〔二〕「廣東」，鈔本原無「東」字，據硃筆校訂補。
〔三〕「徹」，鈔本原作「撤」，整理者校改。
〔四〕「道」，鈔本原作「島」，據陳垣《中國史學名著評論講稿》手稿圖版及整理稿改，分載陳垣著、陳智超編《中國史學名著評論》，第二〇四、三六頁。
〔五〕鈔本此段上有硃筆眉批：「與外人爭地，須有記載可據。」

《隋書·經籍志》四卷　即《隋書》内之三十二、三十三、三十四、三十五卷。

此分經、史、子、集、道、佛六類。

此書當精讀，其各序尤當背誦。

五代史記有二：〔一〕《梁》《陳》《北齊》《周》《隋書》，〔二〕及歐陽修之《五代史》。

《隋書·經籍志》經、史、子、集、道、佛各部之下，〔三〕有敘論一篇，計四十五篇，每篇短者百余字，長者三四百字，（均可背誦。〔四〕）總論周末以來學術上之演變，〔五〕較《漢志》尤佳。道教及佛教之序論三篇，〔六〕尤爲重要。〔七〕四川有單本。

此書據梁之任昉、殷鈞之《四庫目録》，除唐初所無者，此《隋志》之作法也。

梁阮孝緒有《七録》，爲私家所有之目録。《隋書·經籍志》所謂「梁有書目」者，乃梁朝所有，非阮氏所私有之目書也。

阮孝緒《七録序》　梁阮孝緒

此可精讀。内容分七類。内容有佛法録、仙道録二種，爲《漢志》所無。此書今亡，而序存於《廣弘明集》中（佛教書）。《弘明集》專述非佛教信徒而讚揚佛教之文章，故集而成。因阮氏文揚佛教，故集入之當。

較《七録》以前者，尚有《七志》。因《七志》爲宋、齊、梁、陳者，而《七録》爲梁者，故述《七録》也。其序須背誦，可與《隋志》總論者較之。

〔一〕「有二」，鈔本原作「共有二種」，據硃筆校訂刪。
〔二〕「書」上，鈔本原有「即隋」二字，據硃筆校訂刪。
〔三〕「經籍」，鈔本原作「經藉」，整理者校改；以下徑改，不再注明。道佛，鈔本原作「佛道」，據《隋書》卷三五《經籍志》乙正，中華書局一九七三年點校版。
〔四〕「均可」，鈔本原作「須」，據硃筆校訂改。
〔五〕「總論」，鈔本原在「演變」下，據硃筆校訂調整文序。「周」上，鈔本原有「於」字，據硃筆校訂刪。
〔六〕「道」上，鈔本原有「隋志總論」四字，據硃筆校訂刪。
〔七〕「尤爲」，鈔本原作「爲尤」，據硃筆校訂乙正。

《舊唐書·經籍志》即《舊唐書》四十六、四十七卷。

作法乃據《古今書録》（毋煚作，爲唐天寶時作，止於開元。）而成，而《舊唐志》亦止於開元，〔一〕可見爲全抄之。天寶以後之書，則散見於各列傳内。惟《古今書録》每類下之敘論，《舊志》皆删除之，而有總論一篇，係據毋氏之總序，頗可一讀。

《新唐書·藝文志》四卷　即《新唐書》五十七、五十八、五十九、六十。

以《舊唐志》爲底本，而補天寶以後書目，乃據《舊書》各列傳中附列書目，集入《新志》中。此可由自……以不著録證明之。〔二〕

此書作法不佳，因歐陽等喜用新法，所有經、史、子、集各部，完全以人名在前，著作在後，（據集部之排列而改。）此則混亂不清之病生矣。

〔一〕「志」，鈔本原作「書」，整理者校改。

〔二〕「自」下，鈔本原有闕文，以删節號標識。

後記

二〇一五年一月周國偉先生去世後，師母劉秀玲老師打來電話，與我商量周先生部分遺書的處理事宜。因爲，一九六八年祖父柴德賡先生的部分藏書曾存放於周先生家中，柴先生去世後，祖母陳璧子先生將此批書籍贈送予周先生。

蘇州大學分管文科的田曉明副校長得知柴先生尚有一批古籍在南京大學周家，表示要動員家屬將其捐贈給蘇州大學，以便柴先生的遺書、遺物盡量由蘇州大學集中收藏。

隨後我與蘇州大學博物館張顯孝老師到南京雲南路八號南大宿舍，在劉老師的協助下共清點了古籍八八五册，於當年五月正式捐贈給蘇州大學博物館。在清點時發現一册精美的綫裝鈔本，封面題字爲《中国史學名著評論——陳援庵先生講述》，其中『中』字已經撕損，下面字跡齊全，對比字體，確定爲啓功先生一九四〇年前後所書。《評論》鈔本共一〇三葉，鈔稿用紙爲『武陵余氏讀已見書齋鈔本』，此爲余嘉錫先生自用稿紙。單葉稿紙的尺寸爲：高二八點五厘米，寬三十厘米。《評論》在正文頁鈐有『青峰藏書』印，印章現存，爲劉迺中一九四〇年所刻。《評論》中另夾附柴先生的手稿『中國史部目録學』講課提綱三葉以及一九五一年『輔仁大學《中國史部目録學》選課單（教授存）』二張，一張是學生朱萊英，另一爲學生何無忌。

《評論》的再次發現之前，商務印書館已經出版過同名書籍，該書根據陳援庵先生寫在燕京大學備課紙的提綱與來新夏先生一九四〇年代的聽課筆記整理，内容偏少且不全。此後，另外還有二份聽課筆記被發現，即劉迺龢先生一九四〇年代的聽課筆記和所藏陳援庵在北平師範大學講課筆記（紀録者不詳）。但願將來幾個筆記都整理出版，對於深入研究陳援庵先生開創的這一風氣定有極大幫助。

自從《評論》再次發現，我整理並打印過十餘册呈送劉家和先生和其他學者，劉先生命邱居里老師點校，在陳援庵先生誕辰一四〇週年之前整理畢。本書的出版，得到北京師範大學歷史學院雙一流學科建設經費資助，謹在此表示真摯的感謝！

柴念東識　二〇二二年八月一日

圖書在版編目(CIP)數據

中國史學名著評論/陳垣著;余遜,柴德賡批注;
柴念東編;邱居里點校. —上海:上海人民出版社,
2022
ISBN 978-7-208-17838-0

Ⅰ. ①中… Ⅱ. ①陳… ②余… ③柴… ④柴… ⑤邱
… Ⅲ. ①中國歷史-史籍-著作評論-古代 Ⅳ.
①K220.4

中國版本圖書館 CIP 數據核字(2022)第 137936 號

責任編輯 崔燕南
封面設計 夏 芳

中國史學名著評論
陳 垣 著
余 遜 柴德賡 批注
柴念東 編
邱居里 點校

出 版 上海人民出版社
(201101 上海市閔行區號景路 159 弄 C 座)
發 行 上海人民出版社發行中心
印 刷 上海雅昌藝術印刷有限公司
開 本 787×1092 1/16
印 張 20.5
插 頁 5
字 數 343,000
版 次 2022 年 8 月第 1 版
印 次 2022 年 8 月第 1 次印刷
ISBN 978-7-208-17838-0/K·3220
定 價 268.00 圓